嘴巴这样说，
大脑喜欢听

李朝杰 —— 著

中国纺织出版社有限公司

内 容 提 要

本书结合心理学知识与日常沟通技巧，运用心理学人际沟通理论，助力读者提升说话能力。全书分七章，覆盖增加好感、赢得信任、改善关系、增强说服、激励人心、亲子沟通、帮助他人等日常沟通场景。无论是职场还是家庭，都能找到对应的理论与技巧，助你成为更出色的表达者。

图书在版编目（CIP）数据

嘴巴这样说，大脑喜欢听 / 李朝杰著 . -- 北京：中国纺织出版社有限公司，2025. 3. -- ISBN 978-7-5229-2385-7

Ⅰ . C912.11-49

中国国家版本馆 CIP 数据核字第 2024TW3823 号

责任编辑：顾文卓　　责任校对：王蕙莹　　责任印制：储志伟

中国纺织出版社有限公司出版发行
地址：北京市朝阳区百子湾东里A407号楼　邮政编码：100124
销售电话：010—67004422　传真：010—87155801
http://www.c-textilep.com
中国纺织出版社天猫旗舰店
官方微博 http://weibo.com/2119887771
天津千鹤文化传播有限公司印刷　各地新华书店经销
2025 年 3 月第 1 版第 1 次印刷
开本：880×1230　1/32　印张：8
字数：136千字　定价：59.80元

凡购本书，如有缺页、倒页、脱页，由本社图书营销中心调换

PREFACE
前　言

比说话艺术更重要的是说话技术

我是一名职业培训师，讲授演讲和沟通类课程，自己需要大量说话，也研究说话。我深知太多人有说话方面的困惑，比如不敢演讲，不会沟通，不善言辞。

有一位学员说，她在工作中能高效地达成业绩，每次三言两语就能把话说完。但是还有一个困惑：自己是不是应该说更多话？像有些人那样能说会道，貌似更会来事儿，更受欢迎。

按照这位学员的理解，说很多话、口才好的人，才是会说话的，其实也未见得。

有一次我去拜访一家公司，两个创始人非常热情地向我介绍他们的产品、业务、规划，口若悬河，中间有好几次我想提出疑问，但是难以找到机会。他们的口才确实很好，口齿伶俐，声音动听，说了很多漂亮话，但是他们说的有效吗？未必。

如今，自称"社恐"的人越来越多。根据我的观察，其中大部分是自谦，真正有社交障碍的人根本就不会出来。那么，认为自己是"社恐"的人到底有什么难处呢？可能是不知道聊什么，怕尴尬，也可能是担心自己说错话，暴露自己的不足。总之，说话方面一定存在一些困惑。

我们和家人朝夕相处，本能地以为，家人应该是最能互相理解、最容易沟通的，但事实并非如此。和爱人、父母、孩子之间的沟通，会时不时出现问题，比如，年轻人和父母的思想观念差别太大，青春期的孩子动不动就发脾气。我有一个朋友，小时候因为小升初考试不理想，她母亲整整一个暑假都没和她说一句话，这件事给她造成了很深的影响。

还有，职场是最注重表达效率的地方。我们向领导汇报工作时，和同事们开会时，和客户沟通时，和供应商谈判时，都需要高效表达，然而很多人会力不从心，因为表达不佳而影响了职业发展。我有一个学员，在职场上多年默默无闻，有一次领导对他说："开会的时候你要发表一下自己的想法，这样大家才能注意到你。"这是一句善意的提醒，也是一种无形的鞭策。后来他下决心改变自己，两年后，他接替自己领导的职务，成为董事长秘书。

常言道，说话是一门艺术。但我认为，大部分人需要了解和精进的是说话技术。因为艺术是个性化的、难以复制的，但是技术却可以提炼、重复，帮助我们成为更好的表达者。

这些年，我也学习了心理学。心理学作为一门科学，经过

PREFACE 前言

近 150 年的发展,产生了大量经过实证的理论知识,但这些知识并不为大众所了解,更不会被大众用于日常说话上。和说话相关的心理学知识,是一套非常有效的技术,普通人值得了解,而且拿来就能用。因此,我写了这本书,希望帮助读者运用心理学知识,让说话更容易、更好听。

本书包括七个部分,内容分别是增加好感、赢得信任、改善关系、增强说服、激励人心、亲子沟通、帮助他人。前文提到的现象,例如是否要说很多话、社交恐惧、和家人沟通、职场表达等,本书都有涉及,并给出了理论依据和实用方法。

每篇文章都包含至少一个心理学知识,我会先解释这个知识点是什么,能解决什么问题,然后给出具体的使用技巧。读者朋友们可以从任意一篇文章读起,不拘于先后顺序。建议每读完一个知识点,回想一下自己相关的说话经历,当时有没有什么问题,如果按照书中的方法,可以怎样改进。

说话技术的学习步骤是:了解技术、实践技术、复盘技术。阅读本书是第一步,其余两步希望您在现实生活中完成。长此以往,就能从掌握说话技术到形成自己独特的说话艺术。

李朝杰

2024 年 5 月 10 日于杭州

CONTENTS
目 录

第一章
这样说，增加好感 /001

洛萨达比例：让别人更喜欢你 … 002
阿米效应：让别人更珍惜 … 006
餐厅服务员实验：倾听时怎样回应更受欢迎 … 011
共情式倾听：通过倾听安抚他人 … 015
首因效应、近因效应、峰终定律：让听众印象更深、体验更佳 … 021
破绽效应：提升自己的魅力 … 025
阿伦森效应：怎样褒贬，收获人心 … 029

第二章
这样说，赢得信任 /033

乔哈里沟通视窗：让别人更信任你 … 034
社会渗透理论：提升交流的深度 … 039
故事脑科学：感染你的听众 … 044
变色龙效应：模仿动作，拉近心理距离 … 048

梅拉宾沟通法则:说话时的样子极其重要 ··· 051
人际交往距离理论:空间距离反映心理距离 ··· 054
曝光效应:说多了,就信了 ··· 059

第三章

这样说,改善关系 /065

爱情三角理论:怎样谈情说爱 ··· 066
人的四种气质类型:和不同性格的人沟通 ··· 070
PAC心理状态理论:三种不同的沟通状态 ··· 076
课题分离理论:处理人际沟通矛盾 ··· 082
埃里克森心理社会发展理论:不同年龄段的人如何度过心理危机 ··· 087
情绪ABC理论:劝慰他人走出负面情绪 ··· 095
投射效应:避免以己度人 ··· 099

第四章

这样说,增强说服 /105

短时记忆:让别人记住你的话 ··· 106
中心路径和外围路径:怎样选择说服策略 ··· 109
框架效应:影响别人的想法和决策 ··· 116

目录

对比效应：善用对比，更有冲击力	···120
归因理论：怎样解释，让人更理智	···126
登门槛效应、留面子效应：怎样提需求，更易被答应	···133
心理账户：劝别人花钱或不乱花钱	···139

第五章
这样说，激励人心 /143

强化理论：怎样奖励和惩罚	···144
德西效应：奖励有时是一种伤害	···149
需要层次理论：有效激励员工	···154
损失厌恶：损失比收益对人影响更大	···161
消极偏见：唤起恐惧比激发美好更有效	···166
具身认知：从身体姿势中获得力量	···171
行为激活疗法：改变想法，改善心情	···174

第六章
这样说，利于亲子沟通 /181

罗森塔尔效应：鼓励真的会让人变好	···182
四种家庭教养模式：让孩子更有教养	···186

成长型思维：给孩子合理的反馈　　　　　　　　　…191
认知发展阶段理论：让对话匹配孩子的认知　　　　…195
多元智力理论：如何培养"笨孩子"　　　　　　　…201
外显自尊和内隐自尊：提高孩子的自尊水平　　　　…206

第七章
这样说，帮助他人 /213

原因论和目的论：帮助他人发生改变　　　　　　　…214
自卑感与自卑情结：帮助他人战胜自卑　　　　　　…221
大脑的作用机制：克服演讲紧张　　　　　　　　　…226
知识的诅咒：为什么听不懂老师的话　　　　　　　…233
焦点效应：克服"社恐"　　　　　　　　　　　　…237

参考文献 /242

后　　记 /245

第一章

这样说,增加好感

洛萨达比例：让别人更喜欢你

为什么曾亲密无间的他/她会失去伴侣的信任，无论其如何弥补也无济于事？为什么很多孩子随着年龄的增长，逐渐不愿意和父母袒露心事，只会做表面的敷衍？为什么领导会对一个下属失去耐心，在心里将其"打入冷宫"？

古人云：冰冻三尺，非一日之寒。这些问题不是突然产生的，而是长期积累的结果。心理学家对此有精确的统计和研究，可以在人际交往方面给我们极大的启发。

什么是洛萨达比例

心理学家马塞尔·洛萨达在研究公司组织管理时，测量了三种团队语言沟通中积极用语与消极用语的比例，发现高效团队的比例是 5.6∶1，中效团队是 1.9∶1，而低效团队是 0.36∶1。综合来看，团队沟通中积极词语与消极词语的比例大于 3∶1 的公司更能蓬勃发展，反之就很容易走下坡路。因此，3∶1 被称为沟通中的洛萨达比例。

无独有偶，婚姻专家约翰·戈特曼统计了不同夫妇的谈话后发现，如果积极用语和消极用语的比例低于 2.9∶1，就意味着他们快离婚了。要想获得亲密和充满爱的婚姻，两者的比例需要

第一章
这样说，增加好感

达到 5∶1，即你对配偶的每句指责带来的不良影响，都需要用 5 句积极的话来消除。

知名商业咨询顾问刘润老师在一篇文章里写道：我有位老板在美国电话电报公司工作时，上级领导是卡莉·菲奥莉娜（后来担任惠普全球 CEO），他向卡莉汇报工作时，遇到任何问题，卡莉从来不说"这不行，这个想法很愚蠢"，而会说"这个想法很棒，如果在某某方面再完善一下，估计可行性会大大提高"。每次，我这位老板都满怀激动地走出卡莉的办公室。显然，卡莉在和下属的沟通中，积极用语和消极用语的比例超过了 3∶1，达到了良好的沟通效果。

如何让别人更喜欢你

用洛萨达比例来解释开头的问题，就不难理解。假设一个丈夫在妻子面前总是谎话连篇，甚至实施家暴，那么妻子迟早会心灰意冷。假设父母总是强迫、批评和责骂孩子，抑或长久不进行走心的交流，那么就会失去孩子的信任。假设一个员工三番五次办事、说话不靠谱，那么迟早会被领导嫌弃，甚至辞退。

就像史蒂芬·柯维在《高效能人士的七个习惯》一书中说的，我们和周围的每个人之间都有一个隐形的情感账户。这个账户需要我们定期往里面"存钱"，保持盈余，比如经常用积极的话语和对方沟通，关心对方，对方也才会信任和喜欢你。

如果总是"取钱"，比如言而无信、漠不关心、长期不联系，那么这个情感账户就会亏损，并逐渐失去对方的信任。就像一位父亲长年累月忙于工作，疏忽了对孩子的关爱和陪伴，结果有一天突然发现孩子长大了，不再和他亲近，这是父亲和孩子的情感账户没有定期存款、长期亏损的结果。

史蒂芬·柯维提到了向情感账户存款的 7 种做法，分别是：理解他人、注意小节、信守承诺、明确期望、正直诚信、勇于致歉、无条件的爱。无一例外需要我们采用积极正向的言行和对方相处。

有一年，我的老婆送了我一份没有花一分钱，却无比用心的生日礼物。她发给我一份清单，上面写着"爱老公的 100 个理由"，列举了我的一个个优点，以及我们相处的美好时光。读着这份爱意浓浓的清单，我的眼眶湿润了，心里暗暗发誓一定要加倍爱老婆。这份礼物是老婆在我们的情感账户里注入的一大笔"存款"。

洛萨达比例不仅适用于婚姻家庭方面，在所有需要建立良好关系的人际交往中都适用。我们和周围人沟通时，要尽可能多表达关心、支持、鼓励、幽默，少表达冷漠、批评、指责、谩骂。如果使用了消极用语，就尽量用 3 倍的积极用语抵消掉不良影响，如此才能保持对彼此的好感。

美国作家马克·吐温说：生命如此短暂，我们没有时间争吵、道歉、伤心，我们只有时间去爱。说的就是这个道理。

阿米效应：让别人更珍惜

越难得到的东西，得到后越会珍惜。这貌似是社会常识，但是在心理学家看来，所谓的常识也需要经过严格的实证，才能被确定为科学结论。我们来了解一个社会心理学实验，从中可以发现人际交往中让对方更加珍惜、认同、重视的奥秘。

什么是阿米效应

心理学家艾略特·阿伦森和贾德森·米尔斯设计了一项实验，他们招募了 63 名大学生参与研究，这些大学生被随机分为三组，每组 21 人，第一组大学生经历严苛的入会仪式方能加入研究小组，第二组大学生经历温和的入会仪式即可加入，第三组大学生不需要经历任何入会仪式就能加入。

研究者让三组人听一段与研究相关的录音，录音里的内容非常枯燥，说话者结结巴巴、断断续续、语无伦次。然后每个人需要对录音的趣味性、价值进行打分，结果第二组和第三组大学生的评价是枯燥乏味，而第一组大学生的评价是令人兴奋、有吸引力。

为什么第一组大学生对录音的评价远高于另外两组呢？原因是他们在加入研究小组时经历了严苛的入会仪式，这种来之不易让他们对参与研究更加珍惜，更有兴趣，对研究小组的认可和归属也更强烈。

我们可以把这个实验结论泛化为：人们在前期投入的时间、精力、金钱等成本越多，后期就会越珍惜、越重视（心理学中没有一个专业词汇来概括这个实验结论，笔者为了行文方便，姑且称之为"阿米效应"）。

让别人更加珍惜和重视的方法

其实在现实生活中，人们会有意识地运用"阿米效应"。比如，企业在招聘员工时设置严格的条件和流程，社团在招募新成员时设置一定门槛。这样做，既能筛选出组织需要的人，同时还能让加入者更加珍惜和重视。女生被男生追求时，初期不轻易答应，也是这个道理。

除此之外，"阿米效应"还能带给我们更多的启示：

1. 不要提供免费的机会

在举办活动时，免费往往是诱惑力极强的噱头，但免费也会招徕大量"薅羊毛"的人，他们不会给组织者带来实质性的收益。因此，在组织高品质活动（比如读书会）时，哪怕组织方不需要盈利，也不能免费开放，要让参与者付出一定"代价"，其中最简便的筛选方式就是付费，当然也可以使用其他筛选方式，比如，需要经过已有成员的推荐才能参加。这样参与者才会更加珍惜，更加投入，对活动也会更认可，而不是随随便便就"放鸽子"，过程中随意退出，对活动没什么感觉。

我从事多年培训工作，讲授过几百场课程，组织过几百次活动，总结出一些规律：付费学习的学员比免费学习的学员，学习效果更好，对课程评价更高；公开课学员（个人主动付费）比企业学员（企业付费，学员被动参与）更加投入，学习效果更好；收费活动和免费活动相比，前者质量更高，参与者更重视、更投入，"放鸽子"的比例更低，对活动的评价也更高。这些规律和"阿米效应"是吻合的。

2. 刻意设置一定门槛

如今人们加入的微信群非常多，那些相对更活跃、质量更高的社群，往往是有加入门槛的，比如付费课程学员群、需要交入群费的群、行业协会群、需要打卡输出的群。

所以，社团在招募新成员时，师父在招募弟子时，导师在招募学员时，学校在招募学生时，要刻意设置一定门槛，除了收费外，还可以增加面试、测试等流程，让加入者克服一定困难，方能被录取。这能考验他是否心诚，也能让他加入后更珍惜、更投入。

社会上有很多针对成人学历提升的项目，比如专升本、硕士研究生，甚至还有国外的博士（只需付费，线上参与即可）。如果你真心想提升学历，我建议不要走捷径，要走那条相对更难的路，比如参加成人高考、全国硕士研究生统考，不要选择交钱就能上、轻而易举就能拿到学位的项目。因为根据"阿米效应"，你前期投入的越多，后面才会越重视，从而更愿意花时间和精力，真正学到知识，提升能力。

3.要有仪式感

很多重要场合都会安排庄严的仪式，比如入党宣誓、入会仪式、项目启动宣誓、学生成人礼、婚礼誓词环节等，这些并不仅仅是花哨的表面功夫。试想，两个人加入同一个组织，其中一个参与了庄严的仪式，另一个没有参与，谁会对组织更有归属感？谁会更加珍惜组织给的机会？很明显是前者。经历某种仪式，也是一种门槛。

多年前，我曾经参加头马演讲俱乐部（一个非营利演讲组织），成为其资深会员。这个组织之所以能在全球多个国家设立分支，成为知名的演讲力和领导力学习机构，其中一个重要原因就是它给会员设置了足够多的门槛和仪式。比如，新会员申请入会，需要参加至少3次活动，完成一个破冰演讲，有的分支俱乐部入会条件甚至更苛刻；入会仪式也是隆重、热闹的，新会员需要公开宣誓，朗读入会誓词，然后和老会员一一握手或拥抱；会员每完成一定学习目标，都有相应的奖励仪式。这就是全球优秀组织的做法，值得我们学习和借鉴。

在职场上，组织的领导者需要给员工策划一些仪式，比如新员工入司仪式，年会颁奖；在生活中，我们也要给生活增加一点仪式感，比如家庭读书会，每年固定时间拍摄全家福。

总之，我们可以把"阿米效应"用在别人身上，让对方更加珍惜和重视；也可以用在自己身上，让自己更加投入。

第一章
这样说，增加好感

餐厅服务员实验：倾听时怎样回应更受欢迎

在很多沟通中，倾听比诉说更重要，一个耐心的倾听者往往比一个滔滔不绝的说话者更受欢迎。但是，我们也不能只倾听，还要适时给出回应，那么怎样回应会更受欢迎呢？

《实验社会心理学》期刊上发表过一篇研究：荷兰的研究者在一家餐厅开展实验，把服务员分成两组，第一组服务员被要求在顾客点菜后，逐字复述点过的菜名，第二组服务员被要求也确认菜单，但不是逐字复述顾客的原话，而是用其他类似的词代替，比如用"生啤"代替"啤酒"，用"薯条"代替"炸薯条"。结果，第一组服务员收到的小费是第二组的两倍多。

这个简单的实验能带给我们很大的启发，试想一下，什么样的倾听者不受欢迎？答案是：心不在焉、不认真听你说话的人，回应的内容离题万里的人，误解甚至曲解你含义的人。什么样的倾听者受欢迎？当然是认真听你说话的人，不仅听到了，还听懂了。

根据这个实验，关于倾听后如何回应，我总结了三点建议：

1.当对方的话语简短时，可以复述他的原话

比如，领导对你说："星期五下午3点，召集部门全体同事开会。"你不能只是回应"好的"，可以复述一遍原话，例如：

"好的，星期五下午 3 点，召集部门全体同事开会，我今天就发通知。"

这样做有诸多好处：第一，能倒逼自己认真倾听每一句话，留意关键信息，防止三心二意、心不在焉；第二，对方听完你的回应后，能感受到你的尊重，知道你听进去了，对他的话很重视；第三，当你不知道如何回应时，复述一下对方的原话，可以确认他的意思，不至于让气氛尴尬，同时对方从你口中听一遍他自己说过的话，可能会产生新的想法，继续向你诉说。

日本的一些大型企业有规定，管理者在给员工布置工作时，至少要说五遍，前两遍让员工复述工作任务，确保管理者说的和员工听到的内容是一致的，不出现漏听、歧义、误解；后面几遍管理者会让员工思考任务细节，尽量全面、深入地理解该项工作。很明显，这样的沟通看起来繁琐，但却高效。

复述对方的原话、原意，看似简单，却不容易，需要我们全神贯注、全力以赴地倾听并理解。

2. 当对方的话语较长时，可以提炼大意，同时提到他说过的关键词

当对方的信息量较大时，记住他的所有细节是很难的，也没必要，因此，我们要理解大致意思，并且记住关键词。提到对方话语中的关键词，这一点容易被忽略，却是给倾听大大加分的

表现。

我们会本能地喜欢和自己相似的人，比如老乡、同学、有相同经历或相同爱好的人，而使用相同的词句也是双方相似度的体现。换位思考一下，一个人在与你沟通时，频繁地提到你说过的语句、关键词，你的内心会是温暖的，甚至感动的，你知道自己被看见了，被听到了。

比如，在开会时，有经验的发言者会经常引用其他人说过的原话、关键词。例如：刚才王总的一个观点我很认同，他说"领导和下属要彼此成就"；就像杨经理之前说过的"异业联盟"，我们公司也可以考虑。当你一字不差地复述对方说过的一句话、一个词，对方会感受到你的尊重，从而拉近双方的关系。

此外，我们在沟通时要尽量使用对方的习惯用语，而不是自己的习惯用语。比如，对方说"一星期"，你就不要说"一周"；对方说"礼拜三"，你就不要说"周三""星期三"；对方说"一个钟头"，你就不要说"一小时"；对方说"东三省"，你就不要说"东北三省"。善于沟通的人通常是"变色龙"，会根据他人的语言习惯调整自己，毕竟，双方在相同的语境下沟通，更容易达成共识，解决问题。

3. 如果没听懂或者走神了没听到，要及时承认，不要掩饰

我们在倾听时，不理解对方的一段话或者偶尔走神了，都是正常的，此时不要不懂装懂，随意搪塞过去。真诚地请对方重述一遍，这不会引起反感，但是糊弄和敷衍，一定会招来不满。

事实上，很多回答问题的高手会刻意把提问者的问题复述一遍，以确认自己没有理解错误，然后才开始正式回答。

综上，使用和对方相同或相似的表达用语，能帮助我们成为一个更受欢迎的倾听者。回应时，自己的语言有没有深度，能不能解决问题，是能力问题；而有没有认真倾听，回应的内容与对方是否在同一个频道上，则是态度问题。我们首先要端正态度，其次再提升能力。

第一章
这样说，增加好感

共情式倾听：通过倾听安抚他人

你相信吗？仅仅通过倾听就能安抚一个人的情绪，解决对方的问题，也能从中体现出你高超的沟通能力。只是这种倾听能力不是生来就有的，而且多数人都不具备，但是可以通过学习和训练逐渐掌握。

什么是共情式倾听

美国著名心理学家、人本主义心理学大师卡尔·罗杰斯提出，心理咨询师必须具备共情（也叫同理心）、真诚、无条件的积极关注，才能和来访者建立良好的咨询关系，这是心理咨询取得成效的关键前提。

心理咨询中所说的共情，和大众眼中的同情是不同的。同情源于人们和他人有相似的生活体验（比如被父母批评），所以在情感上能理解他人的感受，同情有俯视的意味。而共情是一个人以平等的姿态理解他人，不仅体现在情感上，还体现在认知上，在感性和理性两方面支持对方。

所以，共情式倾听要求一个人站在他人的角度，甚至想象自己就是对方，了解对方的主观世界、所思所想，同时又能够适时抽身出来，给对方以恰当的回应。其实，很多时候倾诉者的心声被真正听到和理解后，烦恼和压力就会减轻一半。可现实中真正能共情式倾听的人太少，人们倾听的目的通常是为了回应，以体现自己的机智，掌握话语权。而专业的心理咨询师通过共情式倾听，哪怕过程中只说了只言片语，也能让来访者获得极大的安慰。

比如，假设你被别人误解，受到严厉的指责，你内心十分委屈，也很难过，你向朋友倾诉自己的遭遇，此时你希望遇到以下哪种朋友：第一种，没听你说完，就不耐烦地打断，"这点事算什么！想开点"；第二种，听你说完后，安慰你不要太放在心上，给你全面分析，提出行动建议；第三种，默默地听你说完，叹了一口气说："被人误解、指责，确实很不好受"，然后继续听你诉说。

我想，你最不想遇到的应该是第一种朋友。第二种朋友是热心肠，只是你内心知道接下来该怎么做，向朋友倾诉，希望得到的是理解和共鸣，而不是建议和指导，前者才是朋友，后者更像是老师。第三种朋友做到了共情式倾听，真正听见了你，看见了你，理解了你，这才是倾诉者希望遇到的朋友。

怎样共情式倾听

1. 全神贯注地倾听，不打断，不回应

全身心地倾听别人讲话，不是一件容易的事，需要我们调动

第一章
这样说，增加好感

耳朵聆听声音，调动眼睛观察神态，调动大脑理解含义，同时整个躯体也要表现出倾听的姿态，比如微微前倾，适当点头，表情随着对方的变化有所变化。倾听不仅仅是一种态度，更是一种能力，需要刻意练习才能提升。

当你真正做到全神贯注地倾听别人时，哪怕不说一句话，也能起到半个专业心理咨询师的作用。尤其是现代社会，随着人们越来越多地把精力花在线上社交，一颗心灵被另一颗心灵倾听的可能性也随之降低，这加剧了人们的孤独感。

研究表明，当我们倾听他人并且感同身受时，对方的身体会分泌一种美好的激素——催产素。女人在分娩和哺乳时会分泌催产素，达到促进母爱、减轻压力的作用，同时男女在一些场合也会分泌催产素，比如按摩、拥抱时，可以让人感到放松、舒适、美好。如此看来，我们和对方没有身体接触，仅仅是全神贯注地倾听，就能促使对方分泌催产素，达到减压、平静的效果，是不是太神奇了！

另外，不打断，不回应，不代表不说一句话，你可以时不时说一声"嗯""后来呢""这样啊"，表达自己的关切，示意对方继续说下去，让对方知道你在倾听，你有共情，你理解他的意思，你希望他继续诉说。

2.理解并说出对方的感受、情绪

这是比第一点更进一步的共情式倾听，要求我们准确理解对方的感受，并指出来。这样做有两个作用：一是表明我们真正听懂了，理解了对方；二是引导对方思考和确认自己的感受，有时候对方只是感觉不好，但是也不清楚自己的情绪是什么，你帮他指出来，他就能有一点理性的认识，从而脱离情绪化、杂乱无章的头绪。

比如，一位女士在家里做全职太太很多年，直到孩子长大去外地上大学了，她想重回职场，找一份工作，但是丈夫表示反对，因为他认为自己赚的钱完全能养家，如果妻子出去工作，别人会以为他这个丈夫赚钱能力不足，另外他已经习惯了一回家就能看到妻子，这样才有家的感觉。这位女士也理解丈夫，但还是不甘心，越来越想不通，于是去找闺蜜倾诉，闺蜜听完后说："看来你对丈夫不支持你出去工作有点生气，而且担心自己和社会完全脱节，你希望周围人知道你不仅是一位贤惠的妻子和母亲，还是一位有能力的职场女性。"女士点点头，瞬间厘清了自己的感受。

理解并说出对方的感受，需要我们具备敏锐的判断力，以及较细的情绪颗粒度，也就是掌握丰富的情绪词汇，并且理解对应的含义。心理学家普拉特契克提出人有8种基本情绪，分别是快

第一章
这样说，增加好感

乐、期待、生气、厌恶、悲伤、惊讶、害怕、接纳，这些基本情绪两两组合又会形成新的情绪，比如快乐和期待的组合是希望，悲伤和惊讶的组合是失望。

家长们经常会被孩子的情绪失控问题所困扰，如果指责孩子不懂事，只会让孩子更加懊恼，此时家长应该做的是倾听孩子，并且指出他的情绪是什么，真正感同身受，这会起到安抚孩子的效果。比如，小男孩对妈妈说橡皮丢了，表现出伤心、生气的样子，此时如果妈妈说"一块橡皮有什么了不起的，妈妈再给你买一块"，这就没有和孩子共情，不理解孩子。妈妈可以说："失去心爱的东西，确实让人挺难过的。"这样孩子被理解后，也许会哭出来，也许会继续向妈妈诉说那块橡皮的事情，情绪就会得到释放和安抚。

你可能会有疑问：万一我判断错了对方的情绪，岂不是弄巧成拙？其实不然，即使你说错了情绪词汇，对方也明白你在倾听，而且在试图理解他，他会纠正你，可能会说："不是的，我就是觉得……"然后你再确认他的情绪即可。随着我们实践地越来越多，理解和判断对方的情绪就会越来越准确。

3. 引导对方释放情绪

情绪就像一股能量，如果憋在心头，会让人心神不宁。所以，我们除了读取对方的情绪，也可以引导对方释放情绪。当然，这更加考验一个人的共情能力，在前两点的基础上又增加了难度。

英国的戴安娜王妃是一位广受人民称赞的王室成员，有一次她去看望一位著名的芭蕾舞童星，这位童星年仅12岁，不幸患上骨癌，需要截肢。戴安娜在病房抱住小女孩说："好孩子，我知道你一定很伤心，痛痛快快地哭吧，哭够了再说。"小女孩放声大哭，泪如雨下。后来小女孩给戴安娜写信提到：其他人都是安慰我要坚强，要挺住，也许奇迹会出现，会为我祈祷，只有你给了我真正需要的理解和体贴。在这个例子中，戴安娜王妃不仅理解了小女孩的感受，还引导她将情绪释放了出来。

面对亲友，我们可以根据自己的生活经验引导对方释放情绪，也可以尊重他自己的选择，用他喜欢的方式来缓解。比如有的人悲伤时喜欢唱歌，有的人愤怒时喜欢运动，有的人焦虑时喜欢喝酒。总之，让对方知道你一直都在，只要他愿意，你会始终陪伴。情绪释放出来后，问题往往就解决了一多半。

综上，通过倾听，安抚一个有负面情绪的人，完全是可能的。共情式倾听的三点方法可以循序渐进地践行，做到一点后，再尝试下一点，最终真正掌握这项宝贵的沟通能力。

第一章
这样说，增加好感

首因效应、近因效应、峰终定律：让听众印象更深、体验更佳

假设你是某次演讲比赛的评委，选手的哪些表现对你评分影响最大？你参加一次聚会，哪些环节对你的体验影响最大？心理学中有三个理论可以给到我们启发。

什么是首因效应、近因效应

加拿大学者默多克曾经做过一个有趣的实验，他向被试者呈现一系列不相关的词语，每秒钟出现一个词，然后让被试者以任意顺序，回忆刚才看过的词语。结果发现，回忆成绩与词语出现的位置密切相关，在系列的开始部分和末尾部分的词语，更容易被回忆出来。

其中，开始部分的回忆成绩好，被称为首因效应，而末尾部分的回忆成绩好，被称为近因效应。

根据这两个效应可以得出，我们听别人说话时，对开头和结尾的话，印象会更深刻。对方开头说的话造成了我们的"第一印象"，比如相亲对象最初一两分钟的谈吐、表现，决定了你要不要和其继续深入交流。

结尾的话也很重要，它是我们和一个人交流时最后听到的信

息。根据艾宾浩斯遗忘理论，我们听过的话中，大部分内容很快就会忘记，但是结尾的话"近水楼台"，给我们的印象会更深刻。比如，和一个人交流结束后，对方最后一番话，可能会让你回味和琢磨。

怎样让听众印象深刻

回到开头的问题，在演讲比赛中，如果一个选手的开头和结尾很精彩，中间只要不是太差，通常都能获得不错的成绩，因为评委的大部分印象来自开头和结尾。反之，如果选手中间大部分时间都讲得很好，但是开头或结尾没发挥好，比如结尾几句话卡壳了，那么会大大削弱评委对选手的整体印象。

换句话说，一场谈话中开头和结尾的长度可能只占20%，但是作用超过了50%。所以我们在表达时，一定要足够重视开场白和结束语。比如，在演讲开头就要表明你的重点，结尾还要再次强调重点，这样有利于听众更好地记住你的核心内容。

PREP是一种常用的表达结构，四个字母代表Point（观点）、Reason（原因）、Example（举例）、Point（观点），开头和结尾都是观点，背后的原理就是首因效应和近因效应。

很多人表达时，开头不讲观点，让听众不知其所云，因此降低了第一印象分。还有人前面和中间讲得不错，但是结尾没有强调观点，导致听众最后可能忘了他想表达什么。

我有一位很敬重的前辈，他在每次会议上，最后都会把大家讨论的结果以及要落实的行动，进行一次总结和强调，从而让在场的人知道，哪些是重点，哪些需要执行。这位前辈就是利用近因效应的高手。

什么是峰终定律

有人可能会提出疑问：难道谈话中间的内容就没什么用吗？毕竟中间部分的时间是最长的。当然有用，峰终定律可以回答这个问题。

心理学家丹尼尔·卡尼曼研究发现，人们对一段体验的评价由两个因素决定，一个是过程中的最强体验，另一个是结束前的最终体验，过程中的其他体验对人们的记忆几乎没有影响。

这个发现被称为"峰终定律"。比如一场宴会中，只要中间那道最重要的招牌菜和最后一个点心让人满意，人们就会对整桌菜评价不错。

怎样让听众体验更佳

首因效应和近因效应强调的是人们的记忆和印象，而峰终定律强调的是人们的体验和感受。

如果你想加强听众对你谈话的情绪感受，就要设计过程中的"高峰体验"和最后的"终极体验"。拿时下流行的脱口秀来举例，高峰体验就是过程中最大的、最好笑的那个梗，终极体验就是演员最后说出的笑料。

谈话中的高峰体验可以是一个激励人心的故事，也可以是一段意味深长的话，或者是能给听者带来认知上巨大冲击的事。总之，要让听者有情绪上的明显变化，比如开怀大笑、愉悦、激动、共鸣、震惊等。

关于谈话中的终极体验，有一位演讲大师说，他的秘诀是每次演讲最后都讲个笑话，让演讲在观众的笑声和掌声中结束，这样人们会认为自己在整场演讲中都很愉悦。当然，终极体验不只幽默这一种方式，也可以是一个金句、一段激励人心的排比、一个意味深长的小故事等。

以上就是首因效应、近因效应和峰终定律。讲话时如果希望听众印象更深，开头和结尾就要强调重点。如果希望听众体验更佳，中间和最后就要设计给人带来情绪变化的内容。

第一章
这样说,增加好感

破绽效应:提升自己的魅力

我们喜欢有魅力的人,也希望自己成为有魅力的人。除了外表好看、获得成功这些常见的方法外,还有哪些方法能提升一个人的魅力?心理学中的破绽效应能给我们很好的启示。

什么是破绽效应

心理学家艾略特·阿伦森做过一个实验,让一些大学生给四个人作出评价,其中第一个人品学兼优,在学业、体育、智力等各个方面都出类拔萃;第二个人能力一般,各方面都表现平平;第三个人和第一个人一样优秀,第四个人和第二个人一样普通,但第三个人和第四个人都犯了一个尴尬的错误:不小心把一杯咖啡洒在了自己的身上。

结果,第三个人(优秀,犯了小错误)被认为最有魅力,其次是第一个人(优秀)、第二个人(普通),最缺乏魅力的是第四个人(普通,犯了小错误)。

因此,优秀的人表现出一些瑕疵、小缺点,反而会被认为更有魅力,这就是破绽效应。

背后的原因是,我们喜欢有能力的优秀人士,但如果一个人在各方面都十分出色,往往会招来嫉妒,而且让人感觉遥不可及、高不可攀，产生距离感。如果一个人十分优秀，同时还有一些小缺点，这会让人们佩服他的同时，还会有一种亲切感，觉得对方在某些方面和自己很相似，甚至还不如自己，从而拉近了心理距离，更加喜欢对方。

如何提升自己的魅力

根据破绽效应，我们应该如何提升自己的魅力？首先要提升能力，这是基本前提，一个平庸的人很难有魅力；其次可以适当"露出破绽"，拉近和别人的距离。我们看几个场景：

1. 演讲中分享自己的负面经历

作为演讲者，如果想拉近和听众的心理距离，被听众喜欢，有一个很好的方法就是讲自己的失败经历、尴尬时刻、小缺点。越是功成名就的人，这些负面经历引起的效果就越好，听众会觉得原来舞台上的演讲者也曾经失败过，犯过低级错误，就像自己的朋友或邻居一样。

比如，主持人杨澜在一次演讲中，分享了自己大学毕业时找工作的艰难经历，在寒冷的冬天骑着自行车跑遍了北京城，有一次上坡时自行车的链子掉了，眼泪和鼻涕都冻成了冰。

杨澜在演讲中分享自己的负面经历，不仅没有"掉粉"，反而让观众更加喜欢她。

第一章
这样说,增加好感

2. 领导对下属适当展示脆弱

如果你作为领导,希望拉近和下属的距离,甚至打成一片,那就不能总是一本正经,高高在上,可以适当地展示你"脆弱"的一面,让员工觉得你在某些方面和他们是相似的。

得到公司CEO脱不花经常对员工和朋友说,自己高中毕业,没上过大学,是全公司学历最低的人,这样的"自曝家丑"让员工觉得老板没有架子。

3. 父母在孩子面前适当露拙

在孩子眼中(尤其是年幼的孩子),父母是非常强大的,好像什么都会,什么都懂。如果父母在孩子面前表现的各个方面都很优秀,这当然会让孩子钦佩父母,但同时也会让孩子相比之下显得笨拙,甚至产生自卑心理。

父母可以适当露拙。一方面,不会的、不懂的地方,就要大方承认,让孩子知道父母也是有局限的;另一方面,可以偶尔故意"输给"孩子,让孩子成为赢的一方,或者让孩子做父母的"老师"。比如孩子问你一个问题"天空为什么是蓝色的",你可以说不知道,让孩子查阅资料后告诉你,事后孩子郑重其事地向你解释原因,你要感谢孩子,表示自己学到了新知识。这样,孩子佩服强大的父母,同时也喜欢真实的、"弱弱的"父母。

总之，露出破绽只是手段，做一个真实的人才是目的。一个优秀且真实的人，谁会不喜欢呢？

第一章
这样说，增加好感

阿伦森效应：怎样褒贬，收获人心

褒奖和贬损，是我们说话的两件武器，合理运用两者的程度和顺序，能够实现"操控人心""收获人心"的目的。

什么是阿伦森效应

著名社会心理学家艾略特·阿伦森做过一个实验，把参与者分成4组，每组对同一个人给予不同的评价，以观察这个人对哪一组最具好感。其中第一组始终对之赞扬有加，第二组始终贬损否定，第三组先扬后抑，第四组先抑后扬。

我们的直觉是，人们最具好感的应该是第一组，最具反感的应该是第二组。但实验结果却是，绝大部分人对第四组最具好感，好感程度超过了第一组，对第三组最为反感，反感程度超过了第二组。

阿伦森认为，人们最喜欢那些对自己的奖励和赞扬不断增加的人或物，最讨厌那些奖励和赞扬不断减少的人或物。这就是阿伦森效应。

就像一个人如果穷惯了，也就觉得没什么；但是如果从富变穷，通常会难以忍受。另外，和始终富裕相比，一个人从穷变富、苦尽甘来带来的幸福感会更强。

怎样褒贬，才能收获人心

阿伦森效应启示我们，在说话时，要高度重视褒奖和贬损的比例、顺序，它们在创造好感效果上的排序是：先抑后扬＞一直褒奖＞一直贬损＞先扬后抑。我们看几种应用场景：

1. 追求异性

在追求异性时，"欲擒故纵"是一个很好的策略。男生面对喜欢的女生，开始不要过分表示赞扬和好感，可以先从普通朋友交往和相处，甚至偶尔故意疏远一下女生，慢慢地提高对女生的赞扬和欣赏，最终抱得美人归。就怕一个男生前期非常殷勤，嘴巴很甜，但是后来慢慢减少了赞扬，这给女生的体验是非常差的。

另外，男生留给女生的印象也最好是逐步加分的，让她慢慢发现你的诸多优点。切忌逐步减分，开始给女生的第一印象很好，但是随着接触增多，女生逐步发现你的一个个缺点，这样就很难追求成功。

偶像剧里，女主角爱上霸道总裁或者男女主角走到一起，通常都是从很差的第一印象，甚至从冤家对头开始的，随着剧情的推进，逐步发现了对方身上的优点，最终爱得难舍难分。文学名著《傲慢与偏见》讲述的故事情节也是如此。

第一章
这样说，增加好感

2. 教育孩子

在教育孩子时，褒奖的比例要高于批评，让孩子在一个整体正反馈的环境下成长。对孩子采取批评教育时，也尽量以正面的反馈结束。

最坏的方式就是先扬后抑。例如，孩子取得好成绩时，很多父母除了高兴外，立即想到的是担心孩子会骄傲自满，于是对孩子采取打压式教育，这给孩子带来的挫伤感、破坏力是巨大的。

3. 评价下属

在职场上，领导对下属的反馈，也要注意赞扬和批评的比例及顺序。批评下属时，尽量以鼓励、信任等方式收尾，既让下属认识到问题的严重性，同时又不至于承受过大的心理压力。

当下属的工作成效好坏参半时，先批评做得不好的部分，后赞扬做得好的部分，如果顺序反过来，给下属的打击会很大。

4. "操纵人心"

最后，根据阿伦森效应，我们也可以通过先扬后抑让对方减少某种行为，因为人们讨厌赞扬、奖励逐渐减少的情形。

有这样一个故事：一个商人开了一家商店，当地一群小混混经常到商店门口骚扰，严重影响了商店的生意。这个商人想了一个主意，每次给来的人发一块钱，对他们的"辛勤工作"表示感谢。过了几天，他说："我的生意不好，只能给你们每人发五毛钱了。"小混混们心里不悦，但是也接受了。

又过了几天，商人说："抱歉，我没钱给你们了，你们以后只能白来了。"小混混们说："想得美，白来谁来啊！"于是这个麻烦就被迎刃而解了。故事中的商人采取的就是逐渐降低奖赏的方式，让对方的体验感越来越差，最终"主动"结束了自己的行为。

总之，生活不易，每个人都需要被鼓励、被欣赏，我们不要吝啬对他人的褒奖。当不得不做出负面反馈时，也尽量有一个正向的收尾，宁可先抑后扬，也不要先扬后抑。

第二章

这样说，赢得信任

乔哈里沟通视窗：让别人更信任你

为什么企业喜欢让明星来代言产品？为什么你更信任熟悉的人？为什么有些人即使认识了很久，但还是让你感到很陌生？在社交场合怎样让彼此快速了解、建立信任？

什么是乔哈里沟通视窗

心理学家乔瑟夫·勒夫和哈里·英汉姆提出的"乔哈里沟通视窗"，对我们和他人建立信任关系很有启发价值。

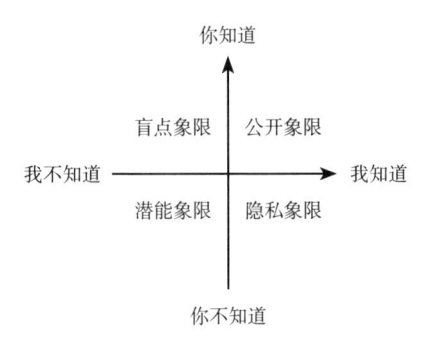

```
                你知道
                  ↑
         盲点象限 │ 公开象限
   我不知道 ─────┼─────→ 我知道
         潜能象限 │ 隐私象限
                  ↓
                你不知道
```

关于我这个人，我和你都知道的信息就是我的公开象限，比如好朋友知道我是哪里人、做什么工作、有什么爱好。

我知道、但你不知道的信息就是我的隐私象限，比如每个人都有一些隐藏在内心深处的秘密，或者面对一个陌生人，开始不愿意暴露自己过多的事情。

我不知道、但你知道的信息就是我的盲点象限，正所谓当局者迷、旁观者清，一个人身上的问题和毛病可能不自知，但是别人却看得一清二楚。

我和你都不知道的信息就是我的潜能象限，是未知的领域，每个人身上都隐藏着巨大的潜能，只有不断探索和尝试，潜能在合适的时机下才会爆发出来。

如何让别人更信任你

了解了乔哈里沟通视窗，我们就不难发现，要想和他人建立信任关系，就要扩大彼此的公开象限，互相了解得越多，双方就会越熟悉。为此，我们在和他人交流时，可以参考以下方法：

1.既要向别人提问，也要主动说自己

我见过两种极端情况：一种是问个不停，像查户口一样对你问东问西，对自己的事却闭口不提，这种人就像躲在阴暗角落里窥视你的生活，让你厌恶、避之不及；还有一种人只顾说自己的事，却不主动了解你的想法，有时候像在炫耀或抱怨，这种人也难以获得别人的好感。

真正有效的沟通是双向的，我们和陌生人交谈时，要把"问对方的情况"和"介绍自己的情况"结合起来，交替进行，才能逐步推进谈话的深度。面对家人、朋友、同事、客户时，就更要如此，主动询问对方的需求和想法，也要说出自己的困惑和意见，很多误会就是"你不问，我也不说"导致的。

2. 创造良好的氛围，扩大彼此的公开象限

为什么人们更容易在饭桌上谈成合作？因为在这种放松的环境下，双方谈论的不再只是工作事项，还有各自的家乡、爱好、经历等，不知不觉就增进了对彼此的了解，这时双方总能发现一些共同点，比如是老乡、校友，都当过兵，或者有相似的爱好、育儿理念，于是拉近了心理距离，更容易信任彼此。

公司、团队举办团建和聚餐时，要营造轻松友好的氛围，让大家畅所欲言，了解彼此的故事和经历，这会大大增加同事之间的亲切感和信任感。近些年流行的"裸心会"就是一种很好的方式，团队成员聚在一起分享各自的人生经历、成功和失败、喜悦和痛苦，能极大地提高团队的凝聚力。

3. 寻求别人的反馈，缩小盲点象限

那些自以为是、听不进别人意见的人，盲点象限区域非常大，导致很多信息乃至常识自己都不知道，但是别人一清二楚。还有一些位高权重的人，身边人容易对其报喜不报忧，导致他们掌握的信息不够全面、深入，最终决策失误，害人害己，历史上

第二章
这样说，赢得信任

这样的事情不胜枚举。

古语云：兼听则明，偏信则暗。我们中学时学过一篇文章《邹忌讽齐王纳谏》，说的是战国时期齐威王听取谋士邹忌的建议，广开言路，鼓励文武百官进谏，并且励精图治、改良政治，使齐国的国力蒸蒸日上，成为数一数二的强国。这就是寻求反馈、减少盲点取得的效果。

4. 适当揭露自己的隐私象限

面对希望进一步交往的朋友、达成合作的客户以及需要协作的同事，我们可以主动讲一些自己知道、但别人不知道的隐私，比如自己的特殊经历、某项爱好、曾经的失败和糗事，这有助于别人了解更立体的你，也更愿意信任你。

小钱有一次和领导一起出差，在飞机上闲聊起来，领导问起小钱父母的情况，小钱就说了自己父亲的故事，他父亲在家中排行老大，有四个弟弟妹妹，父亲15岁那年爷爷奶奶意外离世，作为长子便开始辛苦工作，把弟弟妹妹都拉扯成人，其中一个弟弟和一个妹妹还考上了大学。领导听完以后感慨不已，很佩服小钱的父亲，也称赞小钱像他父亲一样有能力、有责任心。这次交流很好地拉近了小钱和领导的关系。

最后，回到开头的问题，明星的公开象限很大，所以能赢得公众的信任；你和熟人之间的公开象限很大，知根知底，当然就有信任感；有些人即便认识了很久，但是他很少说自己的事，所以你们只是熟悉的"陌生人"；在社交场合，两个陌生人可以通过扩大公开象限，彼此了解，一步步产生信任。

  获得别人的信任，需要时间，也需要技巧。

第二章
这样说，赢得信任

社会渗透理论：提升交流的深度

在生活中，有些人已经认识很久了，但还是交往不深；而有些人却能一见如故，感觉是多年未见的老朋友。这是为什么呢？另外，我们和他人交往时，怎样把控谈话的尺度，提升交流的深度？社会渗透理论能给到我们启发。

什么是社会渗透理论

该理论由社会心理学家欧文·奥尔特曼和达尔马斯·泰勒提出，是指人们的沟通交流从浅到深的发展过程。两个人从陌生到熟悉、亲密，交流的话题会经历四个阶段：

第一阶段，信息层面。

比如姓名、职业、家乡、兴趣爱好、天气，普通同事的关系也就到这一层了，由于彼此了解得不深，所以大部分同事很难发展成亲密的朋友。现代社会，同住一栋楼的邻居也是"老死不相往来"，甚至连对方的姓名和职业都不知道，所以即使很面熟，也等同于陌生人。

第二阶段，态度层面。

也就是对其他事怎么看，有什么观点、价值观，比如同学聚会时会说"这个老师的课挺好的""我们这个专业没什么前途"，朋友聊天时会谈到对社会的认识、对新闻热点的评论。如果彼此的态度基本一致，那么就会成为聊得来的普通朋友。

第三阶段，感受层面。

第二阶段的态度层面指向外界，而感受层面则指向内心，也就是一个人的心情、情感，好朋友之间往往会交流这类话题，达到情感慰藉的作用。比如，一个人在单位被领导批评了，会向闺蜜或兄弟倾诉内心的苦楚。

第四阶段，隐私层面。

这类话题通常只会在知己、伴侣之间交流，比如家里的"丑事"、个人的秘密等，所谓灵魂伴侣、红颜知己、蓝颜知己就是这种关系。

怎样逐步提升交流的深度

根据社会渗透理论的四个阶段，如果你希望和对方深入交往，那么就要把交流的话题往深层次引导。假设两个人总是聊天气、聊新闻，那么彼此的关系是不会向前推进的。这里我们要注意三点：

1.可以主动自我表露

别人说什么我们不能控制，但是我们可以决定自己说什么，当你主动表达对一个人、一件事的看法时，对方通常也会说出自

第二章
这样说，赢得信任

己的看法；当你展现自己的情绪和情感时，对方通常也会被感染；当你主动揭露自己的一个隐私时，对方会感受到你们关系的变化，通常会决定给你保守秘密，或者说出自己的秘密。

人际交往中，两个人关系加深的过程，也是彼此自我表露的过程。比如，《红楼梦》里的贾宝玉和林黛玉，在接触中发现彼此志趣相投，都热爱艺术，追求纯粹的美，厌恶世俗意义上的成功，于是两个人的内心走得越来越近。

我作为培训师，在演讲培训课堂上，经常会见证学员之间关系的神奇变化，在两天课程中，从开始的彼此陌生，到课程结束时的心有灵犀，甚至依依不舍。原因就是大家在演讲训练中，都讲出了自己的基本情况、职业履历、人生故事，甚至还有价值观、世界观，这种自我表露会迅速拉近人与人之间的心理距离。

所以有人感慨地说：有那么一些人，你初次相见，却一见如故，对他的好感随之而来；而又有一些人，跟他相处良久，却对他一无所知。而往往让别人喜欢你的方法之一，就是要学会先自我表露。

2.要逐步推进交流的深度

在自我表露的过程中，要把握火候和时机，在双方关系还没到某个阶段时，不要贸然聊这个阶段的话题，更不能跨越阶段。所谓交浅勿言深，就是这个道理。

比如，假如你和关系不熟的同事聊领导的八卦，发表自己对单位人事的看法，这就是不成熟的行为，可能不会拉近你们的关系，反而会让对方认为你是一个轻浮的人，甚至抓住你的把柄。况且组织内部的关系复杂，你怎么就知道这位同事和所聊话题中人物的关系如何呢？

还有，在异性交往中，经常出现一方把另一方"吓跑"的情况，比如某个男生爱慕一个女生，在双方的交流话题还仅仅处在了解层面时，就贸然向对方表白，女生感受到的一定不是惊喜，而是惊吓（除非女生也喜欢这个男生）。

在推进交流话题的深度时，尤其要注意自己的负面评价性语言，比如对自己不良行为的揭露，对他人的贬低和指责，这些负能量可能会造成关系的疏远甚至破裂。

3. 要留意对方的态度

交流是双向的，推进话题的深度需要双方的共同参与，虽然我们可以率先主动，但是不能"剃头挑子一头热"，自己已经表露了观点、感受甚至隐私，但对方始终不说自己的事情和想法，这种交流是不对等的，也是不可持续的。

如果碰到向你提各种问题，但是对自己的事却闭口不谈的人，一定要提高警惕，他们轻则带给你一场不愉快的谈话，重则别有用心。良性的交谈应该是：我表露一点，你也表露一点；我

第二章
这样说，赢得信任

推进一层，你也推进一层。

当然，如果你不希望和对方谈下去，那么你可以不自我表露，任凭对方推进谈话的层次，你不配合，这样他自然会知难而退。

综上可以看出，谈话是一种艺术，也是一种技术，我们遵循一定的沟通技巧，就能达到提升交流深度的效果，从而拉近彼此的关系。

故事脑科学：感染你的听众

要感染听众，讲故事永远是屡试不爽的方法，演讲、辩论、聊天等各种表达场合，都可以通过讲故事来打动听者。为什么故事具有如此大的魔力？

故事脑科学的研究

普林斯顿大学有一项研究，让一个人讲故事，几个人听故事，同时对他们的大脑进行核磁共振扫描。故事开始后，听众的大脑和讲故事者的大脑变得高度同步，就像镜子内外的画面一样。故事讲到动情处，讲故事者大脑的岛叶（负责感情的区域）活跃起来，结果听众大脑的岛叶也跟着活跃；当讲故事者大脑的前额叶（负责理性的区域）活跃时，听众大脑的前额叶也随之活跃。

这在生理层面揭示了故事的两个强大作用：第一，通过讲故事可以起到煽情的作用，就像我们在看电影时，会随着故事情节的变化，或感动落泪，或开怀大笑；第二，通过故事来讲道理是可行的，就像父母给孩子讲寓言故事，起到教化的作用，但是纯粹讲道理就不一定有效了，所谓"自古故事得人心，唯有道理留不住"。

第二章
这样说，赢得信任

通过故事感染听众的场景

1. 演讲

当你参加演讲比赛时，如果希望感染和打动观众、评委，那么讲故事是最合适的方法。

安徽卫视"超级演说家"第二季总冠军刘媛媛的演讲"寒门贵子"，讲的是她父母在农村含辛茹苦供养三个孩子考上大学，以及她独自在北京闯荡的故事，这引起了广大听众的共鸣，也鼓舞了很多人。

同样，"超级演说家"年度亚军崔万志的演讲"不抱怨，靠自己"，讲的是自己从身体残疾的苦难中一次次跌倒又爬起来、最终获得成功的故事，这个故事让观众感动流泪，同时又激励人心。

罗振宇每年的"时间的朋友"跨年演讲持续三四个小时，这么长时间靠什么来持续吸引听众，并且让听众体验良好，不感到厌倦，最关键的就是讲故事。2023年的跨年演讲干脆直接变成了"故事会"，罗振宇连续讲了22个发人深省的故事。

2. 辩论

辩论赛以及日常生活中的争辩，看似是理性说服，实则也需要发挥故事的魔力。

2017年，中央电视台举办"世界听我说"全球华人辩论大会，总决赛的辩题是"青年成长需要自身能力还是外部机遇"，辩手詹青云发表了两分钟的演讲，最终获得总冠军。

她的观点是外部机遇更重要，运用的一个关键策略就是讲故事，她认为自己的抉择和小时候有机会开阔眼界是分不开的。出生在贵州的她，小时候有幸遇到了两个有见识的邻居——从上海来贵州插队的知青，詹青云经常去邻居家写作业。在那个年代，"学好数理化，走遍天下都不怕"是社会普遍共识，因此人们认为学不好理科的人才去学文科。但是邻居告诉詹青云：做你自己真正喜欢的事。后来詹青云选择了文科，并获得哈佛大学法学博士学位。

她说：这个世界上有一种东西，你无论怎么靠自身的努力都改变不了，而需要一个人点醒，这个东西叫眼界。詹青云的故事让现场评委有具体的感知和深深的共鸣，最终赢得了三分之二的票数。

3. 劝说

基思·斯坦诺维奇说：一个具体事件往往可以完全击败抽象的概率数据。当我们需要劝说朋友、同事、客户时，讲故事是打动人心的重要法宝。

比如，你劝说客户购买产品或服务，除了讲理性层面的数

第二章
这样说，赢得信任

据、功能、特点外，还可以举一个其他客户使用产品获得成功的具体事例，因为事例能够在感性上打动对方。

有一位职场新人去面试，在自我介绍时讲了一个自己的故事，快速抓住了面试官的注意力和好奇心，并且展现了自己的良好工作作风。

故事大意是，他在上一份工作中，有一次老板去纽约出差，临行前要求他把一份文件发到酒店的传真上，但是老板把酒店名字说错了，那个年代没有手机、邮件，他很难直接联系到老板，只能凭几条线索，从纽约的几千家酒店中锁定了老板可能住宿的十家酒店，然后给酒店前台一一打电话确认，最终在联系第八家酒店时确定了，把传真按时发了过去。

这个故事充分地体现了他沉着冷静、认真负责、有能力解决问题等特点，如果直接说自己具备这些品质，会显得空洞、自夸，但是通过故事的方式，就能润物细无声地打动面试官。

日常聊天中，故事更是绝佳的谈话素材。你身边的聊天高手一定也是讲故事的高手，他能在聚会中滔滔不绝地讲自己的亲身经历以及他的所见所闻，其他人听得津津有味、乐此不疲。

美洲原住民有一句谚语：告诉我一个事实，我会学习；告诉我一个真相，我会相信；但告诉我一个故事，我将永远铭记在心。

当你想吸引、感染、打动听者时，切记要讲故事。

变色龙效应：模仿动作，拉近心理距离

我们在和别人交谈时，会不自觉模仿对方的动作，比如对方跷二郎腿，你可能也会跟着跷二郎腿；对方身体往后仰，你也会往后仰；对方打哈欠，紧接着你可能也会打哈欠。

什么是变色龙效应

心理学家发现，人在社会交往中存在变色龙效应，也就是人会有意或无意地模仿别人的动作、情绪、语调，从而拉近彼此的心理距离，这样更容易赢得信任和好感。这背后的科学依据是镜像神经元。

1996 年，意大利帕尔马大学的研究者发现，猴子在看到其他猴子或其他人做出一个动作时，比如吃冰激凌，它大脑中的部分细胞就会被激活，就好像自己也在吃冰激凌。也就是说，猴子仅仅是观察别人做一些事，但大脑中的反应却和它亲自做这些事是一模一样的。

科学家把这种细胞称为镜像神经元，这些神经元在猴子见到或听到一种行为时会被激活，就像它亲自实施了这种行为一样。后来，科学家在人类的大脑中也发现了镜像神经元，而且比猴子更加敏锐，进化程度也更高。这个发现轰动了科学界，有助于我

们认识人类的诸多行为和心理。

比如，当你观看足球或篮球比赛时，运动员做出一个特殊动作，你会不自觉在脑海里想象自己做同样的动作，甚至身体也跟着微微晃动。当你身处人群中，别人打哈欠，你可能也会打哈欠。当你看吃播时，食欲也会被刺激，进而想吃东西。当你看到一张刀片划破手指、鲜血直流的照片时，心里也会"疼"一下，就好像受伤的人是自己一样。这背后都有镜像神经元在起作用。

模仿别人的动作，就能拉近心理距离

既然镜像神经元促使我们在脑海中模拟、复现别人的动作，那么如果我们主动做出和别人一样的动作，这会不会促进彼此的互相模仿，进而拉近心理距离呢？答案是肯定的。

1999年，美国俄亥俄州立大学的沙特郎和巴奇发现，当参与者和实验员自然交谈时，若实验员适当地增加摸脸或抖腿的次数，那么相应的，参与者也会逐渐增加摸脸或抖腿的次数，而且在整个交流过程中，参与者都没有察觉到自己模仿行为的存在。反过来，当实验员模仿参与者时，参与者对实验员的印象，以及对交流过程的评价就会有显著提高。

很明显，有意或无意地模仿能增加对方对你的好感，因为你们大脑中的镜像神经元处于同步活跃的状态，这会让双方感到很舒服、很亲切。所以，我们在和别人交流时，可以有意识地模仿对方的动作，从而拉近彼此的心理距离。

比如，和客户交流时，就可以有意识地模仿他的站姿或坐姿、手势，以及说话的语气语调等，这会让客户在不知不觉中认为你很亲切，和自己是同道中人，从而增加合作的可能性。

夫妻两个人在一起时间久了，风格会越来越像，甚至长相也越来越相似，出现所谓的"夫妻相"。这背后也有镜像神经元在起作用，相爱的两个人会不自觉地模仿彼此的言行举止，从而互相越看越顺眼。这也提示追求异性的朋友，如果你想拉近和爱慕对象的心理距离，就可以有意地模仿对方的动作。

我们在模仿对方动作时，要注意几点：第一，不要太过明显，要在不经意间自然完成，否则会起到反作用，让对方产生警惕，觉得你很奇怪；第二，模仿时动作幅度可以比对方小一点，节奏比对方慢一点，千万不要鹦鹉学舌、亦步亦趋；第三，不要模仿对方的缺陷，比如口吃。

人是一种社会性动物，在"社会丛林"中，人人都是"变色龙"，不管你喜不喜欢、承不承认，变色龙效应真实存在。我们可以实践这个知识，在沟通中模仿别人的动作，从而拉近彼此的心理距离。

梅拉宾沟通法则：说话时的样子极其重要

请回想一下，很多年以前某个老师或朋友对你说的话，你可能已经忘记了，但是对方说话时的样子，比如语气、眼神，你却还有印象，甚至记得很清楚。或者，请想象一下你喜欢的某位名人，浮现在你脑海里的，是对方说过的话，还是对方的手势、表情、语调？想必大概率是后者。我们印象最深的不是信息本身，而是传递信息的形式，这是为什么呢？

什么是梅拉宾沟通法则

加州大学洛杉矶分校心理学系的阿尔伯特·梅拉宾教授，在自己的书《非语言沟通》中发表过一组有意思的数据：一个人对他人的印象，约有7%取决于他人讲话的内容，约有38%取决于音质、音量、语速等声音要素，有高达55%的印象取决于眼神、表情、动作等形象因素。这三个数据组成的"7—38—55"被称为梅拉宾沟通法则。

梅拉宾教授事后一再澄清，他的这项研究只适用于情感和态度交流，比如用不同的语气和表情说"我爱你""也许你是对的"，当说话内容和语调、表情相互矛盾时，人们更容易相信后者，而不是内容本身。他说这些研究结果并不适用于普通交流。

尽管如此，梅拉宾沟通法则仍然给我们很大的启示，我们在说话时，当然首先要重视内容，但同时也要注意自己的语音语调（比如音量、语气、语速）和身体动作（比如站姿、眼神、表情、手势）。有时候语音语调和身体动作对听众产生的影响甚至会超过说话内容。

典型案例

1960年，美国总统候选人肯尼迪和尼克松在电视上公开辩论，这在美国历史上还是首次，有7000万人实时观看。尼克松已经担任副总统多年，执政经验丰富，政绩突出，而肯尼迪初出茅庐，两者实力对比悬殊，但最终肯尼迪却以微弱的优势获胜了。

事后人们复盘，包括尼克松自己也总结，一个非常大的原因就是肯尼迪的形象和身体语言比尼克松更强，尼克松穿的西服颜色和背景接近，导致人不够突出，表情比较僵硬，而且还拿纸巾擦拭脸部；相比之下，风度翩翩的肯尼迪就显得非常自然、自信。据调查，看电视的民众认为肯尼迪讲得更好，但是听广播的民众却认为尼克松的观点更有力。

这个例子很好地反映了身体语言在说话时的重要性，人们用耳朵听你的话，还需要花时间仔细理解，但是用眼睛看你的形象和举手投足，扫一眼就会立即产生一个整体的印象。

第二章
这样说，赢得信任

演讲比赛中，那些声音好听、形象气质佳、动作落落大方的选手，往往更容易脱颖而出，因为他们在视觉和听觉上给观众带来的冲击力太明显了。

对我们的启示

我们无法在短时间内改变自己的音色和面容，但是可以努力优化。比如，声音方面要尽量洪亮、有力，控制语速，适当停顿；在身体语言方面，形象要干练，而不是邋里邋遢，要挺直身板，打开手势，眼中有光。这些都可以增加你说话的信服力，从而在面试、客户交流、异性交往中，让别人更加认可你。

很多人说在微信里文字沟通，容易引起误会。比如"我知道了""有一定道理""就这样吧"，这些文字信息在不同接收者那里可能会有不同的解读，甚至和你的初心完全相反，这就是因为缺少了当面说话时的语音语调和表情动作。所以人们喜欢增加表情包，来辅助文字信息，这在简单的沟通中还能起到作用。但如果遇到复杂的、艰难的沟通，尽量要选择当面说，至少要打电话，让对方听到你的声音，从而更能全面地理解内容信息。

总之，根据梅拉宾沟通法则，我们要综合运用好内容、声音、身体语言等三个要素，才能更有效地传递信息，达到沟通目的。

人际交往距离理论：空间距离反映心理距离

我们和亲密的人在物理空间上距离很近，和不熟的人、陌生人会保持一定距离。为什么会有这样的本能行为呢？另外，人与人之间的空间距离反映出什么问题？怎样把控人际交往时的距离尺度？人际交往距离理论可以很好地解答。

什么是人际交往距离理论

美国人类学家爱德华·霍尔提出，人与人之间有四种空间距离，由近到远分别是：

1. 亲密距离：0到45厘米

这是亲密无间的距离，爱人、亲人、密友之间经常会出现这样的情况，两个人能看清彼此的脸庞，感受到彼此的呼吸，甚至会有肢体的接触。而在狭小的公共空间（比如电梯、地铁里），如果一个陌生人或不熟的人和你之间达到亲密距离，你会感到很不舒服。

有一位心理学家做过测试，在只有一位读者的大阅览室里，研究者走进去，坐在该读者身旁，试验了80次，没有一个读者能忍受陌生人在空旷的阅览室紧挨着自己坐下。这说明人际交往时，亲密距离是留给亲密关系的，如果达不到亲密关系，那么亲密距离会让人抗拒。

2. 个人距离：45 到 120 厘米

这是熟人之间的交往距离，比如朋友、亲戚，两个人能亲切地握手和交流。在个人距离范围内，如果彼此的心理距离近一点，那么空间距离自然也会近一点；反之，会稍远一些。在一般的人际交往中，我们要把彼此的空间距离控制在 1 米或 1 米以上，尤其是面对面交谈时，否则个人距离太近，会给对方造成压迫感、防备感。

3. 社交距离：120 到 360 厘米

顾名思义，这是在社交场合常见的人际距离，比如商务会谈、聚会活动，体现出正式又不失礼貌的分寸感。这种情况下，两个人之间要么隔着一张桌子，要么会刻意保持一定距离，比如病人去医生办公室问诊，下属去上司办公室汇报工作，商务宴请等。

此时人们需要提高说话的音量，有眼神交流，才能达到社交谈话的效果。这也提醒我们，主动和陌生人谈话时，比如陌拜、问路，需要保持在社交距离，拿捏好分寸，才不会给对方造成心理上的不适感。

4. 公众距离：360 厘米以上

处在公众距离时，人们往往没有相互交谈的必要，可以互不干扰、"视而不见"。比如前面提到的大阅览室，如果后来者坐在距离第一位读者三四米的地方，就不会给对方带来干扰。还有，人们在听讲座时，距离演讲者也可能有好几米，此时哪怕演讲者没有关注到一些观众或者观众没有听演讲者说话，互相给彼此造成的影响也较小。

通过调整空间距离，来影响心理距离

1. 人与人之间的空间距离反映出彼此的心理距离

两个人从陌生到熟悉，再到亲近，在空间上会依次经历公众距离、社交距离、个人距离、亲密距离；反之，两个人从亲近到分道扬镳、形同陌路，会经历相反的过程。

我们可以用这个标准来衡量自己和他人的关系。比如，你以为双方已经很亲近了，但是空间距离缩短时，其中一方或双方感到不适，说明关系还没到那一步；或者，双方交往时，始终保持一定的空间距离，说明还存在相应的心理距离。

也可以用这个标准来判断别人对我们的态度。比如，对方有意识拉远你们的空间距离，说明他对你心存顾忌，或者他天性就比较孤僻；如果对方在距离上和你刻意靠近，说明他有意示好。

2. 刻意拉远或缩短空间距离，来影响沟通氛围

人的心理会影响空间布局，反过来，空间布局也会影响人的

心理。比如，处在恋爱前期的情侣，一方可以主动靠近另一方，增加肢体的接触，在餐厅吃饭时，从面对面就座，到并排坐在一起，从而拉近彼此的心理距离，让关系更亲密。

再如，你刚加入一个团队，随着和同事们的接触增多，和同性同事之间可以有意识地缩短空间距离，从社交距离过渡到个人距离，甚至偶尔拍拍对方肩膀，会增进彼此的融洽程度，拉近彼此的关系。

有经验的心理咨询师不会坐在宽大的桌子后面接待来访者，这种空间距离和双方之间的"障碍物"会给谈话带来不利的影响。咨询师通常会和来访者呈45°～90°落座，两个座位之间什么都不放，或者仅仅放一个矮小的茶几，上面摆放绿植或茶水，这样双方可以避免面对面坐着时目光直视，同时营造出距离很近、内心在一起的感觉。

同理，领导和下属谈话时，如果想营造感性的、融洽的氛围，就不要坐在办公桌里面，下属坐在对面，这会在无形中造成对立感。可以并排坐在沙发上，或者和下属坐在桌子一角的两条边上，双方呈90°姿势。也可以在走廊或户外并排散步，边走边聊。

同时，有些情况我们需要刻意拉远空间距离，营造正式的、公事公办的沟通氛围。比如法庭上，法官、原告、被告各自落座，并且有桌子分隔；招聘者与求职者面对面落座；谈判双方在会议桌两侧面对面交流；辩论赛的正方和反方之间空出一定距离，等等。所以，如果你想和对方保持一定心理距离，可以选择处在社交距离或公众距离，也可以在双方之间设置"障碍物"。

最后，需要说明的是，不同文化背景、不同民族、不同性别、不同性格的人，对人际交往空间距离的理解可能会有差异。比如异性间的距离通常比同性间更远，有些国家的人习惯靠近彼此，而有些国家的人习惯保持一定距离。我们要了解当地的文化习俗，尊重对方的习惯，从而在交谈时避免误解。

总之，人类作为社会性动物，人际交往距离是长期以来约定俗成的默认规则，我们要遵守，同时也要学会使用。

曝光效应：说多了，就信了

你一定有过这样的经历：初次见一个人，感觉相貌平平，甚至有点丑，但是相处久了以后，觉得对方长得还行，甚至越看越喜欢；某人对你说一段话，开始你还不信，后来听他说了很多遍，以及其他人也表达了类似的意思，于是你就慢慢信服了。这背后的心理学原理是曝光效应。

什么是曝光效应

一个人或事物在我们面前出现的次数越多，就越容易引起我们的好感，这就是曝光效应。类似的心理学原理还有接近效应，意思是我们越是频繁地接触一个人，就越容易喜欢对方。"日久生情"说的就是这个意思。

心理学家罗伯特·扎伊翁茨做过一个实验：让人们观看陌生人的照片，这些照片出现的次数从一两次，到十几次、二十几次不等，然后让人们评价对照片中人物的喜爱程度，结果是，照片出现次数越多的人，就越被喜欢。这说明人们更加喜欢熟悉的人。

心理学家利昂·费斯廷格也做过一个研究：对麻省理工学院已婚学生所在的宿舍区进行了调研，这个宿舍区由17栋楼房组成，每栋楼房有 10 间公寓，学生夫妇被随机安排在各个公寓中，初期他们对彼此都不熟悉。一段时间后，研究者请学生列出宿舍区内自己最好的 3 个朋友，结果有 65% 的朋友是同一栋楼房里的住户。这说明人们接触得越多，也就越容易喜欢彼此。

曝光效应的启示

1. 对自己经常说积极的语言

周星驰在电影中扮演的小人物，会经常对自己说"加油""你太帅了"等鼓励的话，看似滑稽可笑，其实是有用的。要知道，重复的力量是巨大的，有时候谎言重复一千遍就会被人相信。我们对自己内心说的话，是自我催眠也好，会自证预言也罢，总之很重要，那么与其看贬、打击自己，不如鼓励、欣赏自己，说多了自己就会相信，付诸实践后就可能成真。

企业家冯仑说："做生意的人都特别能说，而且你会发现，他们会就一件事情不停地说，说过之后，当着你的面还可以重新讲给别人听，一点儿心理障碍都没有，要没有心理障碍地对某一件事情反复地讲，讲到最后连你自己都相信了，然后你才能让别人相信。我原来当过老师，老师就是在不停地讲一些重复的内容。"这就是相信相信的力量。

我曾经多次去保险公司的晨会上分享演讲表达技巧，他们晨

第二章
这样说，赢得信任

会的第一个环节是共同朗读一段慷慨激昂的誓词，大意是要真诚为客户服务，认真对待自己的工作。那个场面很壮观，初次接触的人可能会觉得怪怪的，但是相信他们讲多了以后，就会习惯，从将信将疑到深信不疑。

所以，我们要经常对自己说积极的语言，比如在日记中肯定自己，出门前对着镜子里的自己说"你可以的""相信自己"。

2. 对他人经常说有力的观点

我们面对领导、客户、爱慕的异性，初期表达自己的想法时，对方可能无感，甚至怀疑、置之不理。此时不要忘记重复的力量，不要忽视曝光效应的威力，要在合适的时机出现在对方面前，再次表达你的观点，对方对你和你的想法就会更加熟悉，进而慢慢产生好感、信任。

我有一位朋友在保险公司工作，他卖保险的方式非常高级，底层逻辑就是重复宣传，但不是令人讨厌地给你频发微信，而是通过各种免打扰的方式触达潜在客户。比如卖养老规划的产品，他会通过朋友圈、微信群、短视频、公众号、直播、沙龙、课程等多种途径进行宣传，他的微信好友、粉丝一定有机会刷到，哪怕只听到只言片语，"种草"的效果也达到了。当对方需要买保险时，能第一时间想到的人，就是我这位经常"刷存在感"的朋友。

"终于等到你,还好我没放弃""你刚好需要,我刚好专业",是我这位朋友的人生信条。我们不管是销售产品和方案,还是宣传自己的理念和观点,都可以向他学习。

不要以为别人一定知道你和你的产品,当面交流后,对方会记得,但事后很快就会忘记。这很正常,因为每个人的注意力是有限的,都有自己的事要忙。试想一下,许久不联络的朋友,有一天联系你时,第一句话说的往往是"最近在忙啥呢""你还在做××吗",对吧?所以,你要反复地宣传自己。

而且,当你不在别人面前刷存在感时,别人就会被其他刷存在感的人吸引过去,进而逐渐对其产生熟悉感、信任感,于是在某个时候就和对方合作了。

3. 多接触优秀的人

钻石的旁边是钻石,垃圾的旁边是垃圾。你暴露在什么样的环境下,慢慢地就会被这个环境所同化,成为其中的一员。所以,如果你想成为什么样的人,就要多接触这样的人,与他们为伍。

当缺乏条件时,至少可以读这些人的书,看他们的文章、短视频、直播。如果你不读书,不接触优秀的人,那么你的认知就会被身边的其他人所影响,比如你的家人、同事、朋友。

清朝晚期的名臣曾国藩,28岁中进士,进入翰林院,此时

第二章
这样说，赢得信任

他意气风发，甚至有点扬扬得意。但很快他就发现自己其实是一个"土包子"，比如他意识到，自己读过的书仅仅是应付科举考试的四书五经，而别人读过的很多好书他居然闻所未闻。翰林院聚集了来自全国的精英，可谓山外有山，人外有人。在这种环境下，曾国藩奋起直追，用圣人的标准要求自己，不出几年，他就获得了巨大的进步。如果曾国藩没去京城，一直待在湖南老家，最多也就能成为一个乡绅，不可能取得后来平定太平天国的丰功伟业。

最后，需要说明的是，任何知识都有自己的适用边界，曝光效应也是如此。如果一个人本来就缺乏实力，还不脚踏实地，只是追求表面的曝光率，比如绞尽脑汁去和各种名人拍合影，以包装自己；或者卖力地参加各种社交活动，却没有彰显自己的价值，没有给别人带来帮助。这种人就变成了爱出风头的"显眼包"，会贻笑大方。如果初期接触后，别人表现出了明显的排斥，更加理智的做法不是厚着脸皮继续"曝光"，而是等待一段时间，观察和反思。

总的来说，对自己和他人表达时，要学会借助曝光效应的力量。见多了，就熟了；说多了，就信了。

第三章

这样说,改善关系

爱情三角理论：怎样谈情说爱

怎样衡量你的爱情是否完美、是否存在缺陷？你和爱人的对话能否增进你们之间的感情？怎样在恋爱和婚姻中说情话？

什么是爱情三角理论

心理学家罗伯特·斯滕伯格提出的爱情三角理论，对我们经营婚姻恋爱、和爱人谈情说爱有很大的指导价值。他指出，构成爱情的三种元素是激情、亲密和承诺，完美的爱情应同时具备这三种元素，它们构成一个等边三角形（如下图）。

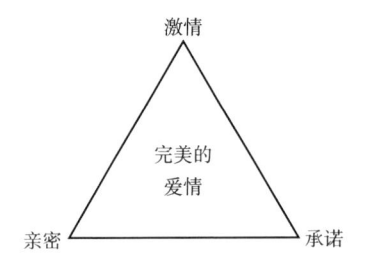

少了其中任何一个要素，爱情都会有缺陷。比如，没有激情，两个人就会失去生理上的吸引；没有亲密，那么两个人的关系可能还不如好朋友；没有承诺，就会缺乏对未来的安全感、对彼此的忠诚。

怎样和另一半谈情说爱

当你在恋爱期或者已经结婚,可以对照一下,你和另一半的对话是否同时具备爱情三元素,以及哪方面需要加强。

1."亲密"的对话

你们之间是否有"亲密"的对话?古代皇帝有后宫佳丽三千,但是和其中大部分嫔妃只有名分上的承诺和短暂的激情,他们之间亲密的对话少得可怜,所以历来在深宫之中谈爱情是一种奢望。

我们要把伴侣视为好友,经常聊聊彼此的生活,主动关心和支持对方。如果你和伴侣无话可谈,和朋友反而能相谈甚欢、不知疲倦,那就要反思一下自己和爱人的亲密程度了。

当你真诚且耐心地询问对方的想法,聆听对方的倾诉时,你们的亲密关系一定会保持和加深。

2."激情"的对话

你们之间是否有"激情"的对话?激情主要是生理上的互相吸引,除了性行为,在对话上也可以时不时表现出你对伴侣热烈迷恋的一面,比如说话时含情脉脉地看着对方。

现实中,年轻的恋人之间往往有"激情"的对话,但是随着时间的流逝,很多老夫老妻会渐渐忽略这一点,他们之间有亲密和承诺，但是激情却渐渐淡去。这样的爱情也很好，但毕竟不是一个完美的等边三角形。

3."承诺"的对话

你们之间是否有"承诺"的对话？中国现代婚礼引进了西方人互换戒指、互表忠心的仪式，这就是一种公开的承诺，在亲朋好友的见证下，发誓和爱人长相厮守、不离不弃。

承诺的话语不仅要在婚礼上出现，日常生活中也要经常说，比如让很多人难以开口的"我爱你"三个字，时常挂在嘴边，说多了就会非常自然、亲切。一年当中，至少在几个重要的日子里，对伴侣说出"承诺"的情话，比如情人节、对方的生日、你们的结婚纪念日。

在两个人的晚餐上，在牵手散步时，在夜里入睡前，和对方说说你的心里话。例如丈夫对妻子说："老婆，我们结婚10年了，这些年你照顾两个孩子和我妈，真的非常不容易，我都看在眼里，疼在心里，我一定会好好努力，让我们这个家越来越好，老婆，我爱你。"这样的承诺，一定会让两个人的爱情越来越牢固。

两个人谈情说爱，亲密的语言是温暖人心的，激情的语言是热烈奔放的，承诺的语言是有仪式感的。

一个人如果在对方身上得不到爱情的等边三角形，就会充满遗憾甚至愤恨，进而有婚外恋，或者离婚、再婚，去其他人身上寻找缺失的一角。

斯滕伯格的爱情三角理论，可以帮助我们在和爱人相识、相处、相守的过程中，检视自己的爱情是否健全。如果遇到问题，也可以从亲密、激情、承诺这三个方面去尝试修复。

人的四种气质类型：和不同性格的人沟通

假如你穿越到西游记的故事中，面对唐僧师徒四位性格迥异的人，你会怎样和他们沟通？延伸到生活中，你和身边不同秉性的人又该如何沟通？

其实，不必成为经验老到的人精，普通小白也可以学会识人，然后针对性采取相应的沟通策略。心理学中的四种气质类型，就是一个帮助我们识人断人的好方法。

心理学中气质的概念，不是生活中常见的含义，比如一个人天生丽质、气场强大、气质优雅，而是指心理活动在强度、速度、稳定性和灵活性等方面的特征。气质是一个人与生俱来、先天形成的，随着年龄和环境等因素的变化，一个人的性格或许会变化，但是气质不会改变。气质没有好坏优劣之分，每种气质的人都能获得成功和幸福，也会遭遇失败和挫折。

古希腊著名的医生希波克拉底认为人体有四种液体，分别是血液、黏液、黄胆汁、黑胆汁。后人将其进一步发展，提出了气质的四种类型学说，即多血质、胆汁质、黏液质、抑郁质（见下图）。

第三章
这样说，改善关系

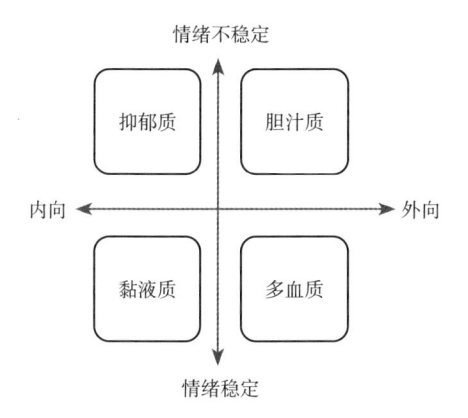

```
            情绪不稳定
               ↑
      ┌─────┐   ┌─────┐
      │抑郁质│   │胆汁质│
      └─────┘   └─────┘
内向 ←─────────┼─────────→ 外向
      ┌─────┐   ┌─────┐
      │黏液质│   │多血质│
      └─────┘   └─────┘
               ↓
            情绪稳定
```

根据现代医学的研究，希波克拉底的四种液体论当然是无稽之谈，但是四种气质的分类、名称、代表的含义，和现代心理学是基本吻合的，因此四种气质类型得到了心理学界的广泛认可，对我们认识自己和他人有很大的作用。

下面我们就来看看这四种气质类型的概念，以及相应的沟通策略。

1. 多血质

外向、情绪相对稳定的人，气质就是多血质。比如《西游记》里的猪八戒，《红楼梦》里的王熙凤，他们热情有活力，思维敏捷，能说会道，擅长和人打交道，容易接受新事物。缺点是耐心不足，容易转移注意力，情感情绪容易外露，体验不深刻。

和多血质的人沟通时，要重视他的感受，让他感受到你的喜爱、赞美，维护好你们的关系和沟通氛围。

如果你的领导是多血质，那么要主动和他多交流，满足其爱表现、爱说话的欲望，在公开场合不能抢他的风头。如果你的下属是多血质，就要多给他表现的机会，比如让他在客户面前介绍方案，在大会上发言等。

如果你的家人是多血质，不要吝啬你的赞美和夸奖，让他们负责"外联"的事务，比如在家庭聚会上营造氛围，组织活动，协调关系。

《水浒传》中的燕青就是一位多血质的人物，他文武双全，能处理好和领导、朋友、三教九流等各种人的关系。莽夫李逵对他也是心服口服，名妓李师师对他喜爱有加，在燕青的牵线之下，梁山才获得了招安的机会。

2. 胆汁质

外向、情绪相对不稳定的人，气质是胆汁质。比如《西游记》里的孙悟空，《水浒传》里的李逵、鲁智深，《三国演义》里的张飞，他们热情直爽，精力旺盛，有魄力，敢作敢为，情感强烈，是所谓的性情中人。缺点是容易冲动，比较急躁，办事粗心，自制力较差。

和胆汁质的人沟通时，不要磨磨叽叽，要干脆利落地把事情说清楚，让对方有足够的掌控感。

第三章
这样说，改善关系

如果你的领导是胆汁质，那么要在他面前做一个"透明人"，主动汇报你的工作情况，不要藏着掖着、支支吾吾。如果你的下属是胆汁质，在布置工作时要给他清晰的指令和目标，过程中不要过多干涉。

如果你的家人是胆汁质，要给他足够的权力，让他负责家里的"大政方针"，比如规划家庭旅游、聚餐地点，但是他们在细节上缺乏意识和耐心，所以需要适当提醒和补位。

一群朋友去聚餐，在商量去哪里吃饭时，如果久久不能确定，这时胆汁质的人就会站出来拍板说："别磨叽了，听我说，我们就去某某饭店，走吧！"你可以根据这种小细节，甄别一下身边胆汁质的亲友。

3. 黏液质

内向、情绪相对稳定的人，气质是黏液质。比如《西游记》里的沙僧、《红楼梦》里的薛宝钗、《三国演义》里的关羽，他们安静平和，踏实稳重，善于隐忍、克制自我，耐力持久，对待人和事都严肃认真。缺点是不够灵活，不易改变，缺乏热情和活力。

和黏液质的人沟通时，要采取严谨、规范的方式，提供足够多的事实和细节。他们不喜欢无序、混乱，往往比较被动，所以你需要主动一点。

如果你的领导是黏液质，那么你在汇报工作时要多给数据、事实，采取踏实可靠的风格，不要夸大其词、缺乏依据，更不要变来变去。这样的领导可能很少表扬你，但不代表他不认可你，只是他比较谨慎，不轻易表露态度。如果你的下属是黏液质，要给他安全稳定的环境，制定清晰的规则，避免在公开场合批评他。

如果你的家人是黏液质，要尽量让生活有秩序感，主动和他沟通交流，可以让他承担一些需要耐心、细致的家务，比如拖地、修理家具等。在遇到家庭和外部环境变化时，引导他慢慢适应。

黏液质的人往往是团队或家庭中的"稳定剂"，有他们在，就会增加一份确定性。就像《西游记》中的沙僧，在四个人当中最不起眼，但是他最有耐心，最吃苦耐劳，当其他人发生矛盾时，沙僧会出面调解，他安慰师父唐僧，央求大师兄孙悟空，拉拢二师兄猪八戒。

4.抑郁质

内向、情绪相对不稳定的人，气质是抑郁质。这里的抑郁质是一种客观存在的特点，和抑郁症没有关系，一个人的气质是抑郁质，不代表他就会患抑郁症。代表人物是《西游记》里的唐僧，《红楼梦》里的林黛玉。

第三章
这样说，改善关系

抑郁质的人观察细致，小心谨慎，非常敏感，情感体验深刻、持久，思考透彻。缺点是容易多愁善感，优柔寡断，行动比较迟缓，容易孤僻、不合群。

和抑郁质的人沟通时，不要大大咧咧，要注意观察他的神态举止、语气语调，分析背后的真正诉求。表面上他可能说"我没事""随便，都行"，但其实他真正的心理可能是"我很害怕""我需要你陪我"。

如果你的同事或家人是抑郁质，那么要主动关心他们，走进其内心世界，耐心沟通，鼓励他们做自己擅长的事，比如艺术创作、写作、抽象思考等。

以上就是四种气质类型的介绍，以及相关的沟通策略。人是复杂的，每个人都有一种突出的气质，但不代表其他气质特点就没有，所以我们在和不同人沟通时，要综合考虑，采取合适的沟通方式。

如果把人比作一栋房子，那么性格就是房子的装修，气质就是房子最初毛坯时的样子。硬装、软装等装修风格会变，但材质、布局等毛坯的内核不会动。我们要学会识别人们深层次的气质，才能更好地和不同性格的人沟通。

PAC 心理状态理论：三种不同的沟通状态

我们在生活中经常会听到下面这些评价："这个人真幼稚""他很任性""他太凶了""他很成熟"。每一种评价背后都有相应的心理状态，我们在沟通时认识到自己和对方所处的心理状态，才能更好地调整自我、引导对方，让沟通更顺畅。

什么是 PAC 心理状态理论

PAC 心理状态理论由心理学家埃里克·伯恩提出，其中 P 代表 Parent（父母心理状态），A 代表 Adult（成人心理状态），C 代表 Child（儿童心理状态）。

1. 父母心理状态

处于父母心理状态时，一个人会表现出权威、控制、呵护、关切，就像很多父母对孩子说话那样。

比如，一个领导对下属说："这个任务必须要完成""这都是为你好"。老师对学生说："上课时不要交头接耳，有什么话举手说""孩子们真可爱，都是好学生"。医生对病人说："你这样的病情我见得太多了，好好配合治疗，基本都能康复，不用担心。"

中国古代时期，民间常常称官员为"父母官""青天大老爷"，期望官员像父母一样公正权威，同时又爱民如子，为他们当家做主。网络热词"爹味儿""妈味儿"反映的也是一个人说话时经常处在父母心理状态,喜欢指导别人,好为人师,甚至指手画脚、控制他人。

2. 成人心理状态

处于成人心理状态时,一个人会表现出理性、思考、客观、平和,希望解决问题、平等沟通,这是成年人大部分时间里应有的样子,尤其是在工作中。

比如,领导对下属说:"我们探讨一下,完成这个任务可能会遇到哪些困难"。老师对学生说:"小明,关于这道题,你有什么要说的"。丈夫对妻子说:"我的想法是这样的,供你参考"。

同时,如果一个人总是处在成人心理状态,也容易显得冰冷、僵硬,缺乏活力和温度。

3. 儿童心理状态

处于儿童心理状态时,一个人会表现出感情用事、不稳定的一面,有时甘愿服从,有时任性抗拒,有时可爱,有时胡闹。这是小孩子经常出现的样子,当然,也有很多成年人时常处在儿童心理状态,被评价为不成熟、幼稚,就像《西游记》中的孙悟空。

比如,员工对领导说:"我又不是故意搞砸的,公司要开除就开除吧。"同时,儿童心理状态也有优点,体现出一个人的率真和活力。

每个人身上都同时存在这三种心理状态，只是其中一种或两种会比较突出，以及在不同场合会表现出不同的心理状态。比如，一位成熟稳重的职场女性和丈夫在一起时，也会表现出撒娇、可爱的一面；一个在父母面前总是胡搅蛮缠、无理取闹的小孩，在学校老师面前，也会表现出懂事、成熟的一面。

怎样调整沟通时的心理状态

1.成年人在大部分时间，应该以成人心理状态和他人沟通

这个世界上，如果人们都以成人心理状态说话办事，那么无数的矛盾将会消失，因为人们不会相互指责、盲目服从、无理取闹。当然，这是不可能的，我们能做的是，要求自己尽量做一个情绪稳定、理性沟通的成年人。

《水浒传》中的"及时雨"宋江广交朋友，乐善好施，在提供帮助时，也以平等的姿态对待他人，客观理性地给别人分析和解决问题，因此赢得了广泛的好评和支持。宋江就是以成人心理状态沟通的典型代表。

知名心理学通俗读物《蛤蟆先生去看心理医生》里的蛤蟆，是一个习惯以儿童心理状态沟通的典型，尽管他早已成年，但是面对严厉的獾时，总是唯唯诺诺，不敢表露自己真实的声音，就像小时候面对严肃的父亲一样。后来在心理医生苍鹭的帮助下，

第三章
这样说，改善关系

蛤蟆才逐渐告别了内心"脆弱的小孩"，以成人心理状态和他人平等、理性地沟通，收获了自尊和自信。

有一些人总是以父母心理状态和他人沟通，比如某些单位的领导，喜欢一言堂，不接受任何质疑和反驳。长此以往，下属表面上尊敬有加，实则口服心不服。一些父母在子女成年后，依然以父母心理状态对待他们，武断干涉子女的婚恋，强迫子女听话照做，这显然也是不理智、不成熟的表现。

2. 面对某些人、某些场合，也要适当调整自己的状态

如果总是以成人心理状态沟通，显然会失去温度和趣味，而且在一些场合也不合适。所以，我们要学会适当调整自己的心理状态，达到沟通目的。

比如在需要体现关心和权威的时候，就要以父母心理状态沟通。例如，医生面对悲观、急切的病人，首先要做的不是理性客观地解释，而是关怀和安抚病人。领导面对不认真对待工作、可能带来不良后果的下属，也要表现出严厉的一面，及时制止和批评。丈夫面对寻求安慰的妻子，也要暂时放下理性的一面，及时表示出关心和理解，在感性上和妻子站在一起。老师面对学生（包括成年学员）也要体现出权威、关切，既要让学生服从老师的指导，也要让学生感受到老师的关心。

在需要体现率真、童趣的时候，成年人也可以选择儿童心理

状态。例如，父母和孩子玩闹时，伴侣之间打情骂俏时，参加游戏互动时。一个已经身居高位的人，面对自己过去的老领导，常常也会虚心请教、表示尊敬。遇到自己不懂的问题，也可以像小时候作为学生请教老师那样，向他人真诚提问，寻求帮助，而不是顾及自己的身份和面子，不懂装懂。

3. 引导他人进入合适的沟通状态

在沟通时，除了要明确或调整自己的心理状态，同时也要引导对方采取恰当的心理状态。如果希望对方承担责任，就要唤起他的父母心理状态；如果希望对方理性分析，解决问题，就要唤起他的成人心理状态；如果希望对方感性行事，率性而为，就要唤起他的儿童心理状态。下面列举三个对应的例子。

明朝土木之变后，皇帝朱祁镇被蒙古瓦剌军队俘虏，国家迫切需要一位新的皇帝主持大局，大臣于谦向郕王朱祁钰（朱祁镇之弟）谏言："我们完全是为国家考虑，不是为个人打算。"希望朱祁钰能担起责任，登基做皇帝，抵抗瓦剌入侵。朱祁钰听从了劝告，即位后励精图治，安抚人心，取得了京师保卫战的胜利。于谦当时希望唤起的，就是朱祁钰的父母心理状态，勇于承担大任。

全国模范法官陈燕萍有丰富的调解经验。有一次，一对堂兄弟因为宅基地发生纠纷，甚至在法庭上也争吵不止，大打出手，陈法官给他们各倒了一杯水，都被打翻在地，于是她拿起拖把清

第三章
这样说，改善关系

理水渍，两个人见状平静了下来。陈法官问他们："你们来法庭是干什么的？"两人答道："当然是来解决问题的。"陈法官说："既然是解决问题的，那我们来研究一下具体的解决方法吧。"这时两个人才真正回归了理性，最终顺利解决了纠纷。陈法官希望唤起的，是两个人以成人心理状态理性沟通，而不是像小孩一样胡闹。

我作为培训师，需要给成年人讲课，也经常参加其他培训师的课程。如果学员彼此之间是陌生人，培训师通常会在开场安排一个破冰游戏，让学员互相认识，改善课堂氛围。此时就可以借鉴儿童们认识的方法，儿童之间是没有戒备心的，他们会真诚、迅速地玩在一起。培训师需要唤起成年学员率性、天真的一面，让大家暂时放下成人心理状态，以儿童心理状态沟通。比如，让每个人以绘画的方式，依次画出自己的职业、家乡、喜欢吃的食物、小时候喜欢玩的游戏，然后拿这四幅画相互自我介绍。再比如，让每个人在小组内说出关于自己的三条信息，其中两条是真的，一条是假的，让其他人猜测哪条是假的。这种看似幼稚的游戏，在特定的环境下，成年人也是乐意参与的，破冰效果非常好。

总之，我们要理解PAC三种心理状态的概念，反思一下自己平时经常处在哪种状态，是否合适，应该怎样调整。在真实的沟通中，及时采用合适的心理状态，并且引导对方进入恰当的心理状态。如此，才能真正为自己所用。

课题分离理论：处理人际沟通矛盾

很多父母为孩子操劳一生，孩子小时候担心他的学习，催促写作业，逼着上补习班；孩子长大后又操心他的婚恋，催促其找对象、结婚、生娃，然后又接着帮孩子带娃。这种缠绕不清的亲子关系，带来的往往不是父母欣喜、子女感恩，而是无穷无尽的矛盾。

根据个体心理学创始人阿尔弗雷德·阿德勒的理论，课题分离是解决人际关系矛盾的第一步，很多人际烦恼都是因为没有做好课题分离造成的。

什么是课题分离

每个人都有自己的任务和事务，我们称之为"课题"。人们管好各自的课题，互不干涉，本来是合理的常态。但在现实世界中，总会出现自己的课题被他人干涉，或者自己干涉他人的课题的情况，于是各种人际沟通矛盾就出现了。

比如，年轻人的恋爱和婚姻是自己的课题，父母不需要操心、干涉，但是很多父母会不厌其烦地给孩子安排相亲，催婚甚至逼婚，于是父母和子女的尖锐矛盾就出现了，一说到这件事就会起争执。

怎样区分课题到底是谁的？判断标准就是：这项课题的最终结果由谁来承担，那么就是谁的课题。

课题分离，帮助解决父母和子女之间的矛盾

有一个段子是：不辅导作业时母慈子孝，一辅导作业时鸡飞狗跳。这反映出家长和孩子在学习方面的强烈冲突。根据课题分离理论，学习其实是孩子自己的课题，父母不需要干涉，因为如果孩子不好好学习，被老师批评、成绩退步、考不上好学校、将来可能没有好工作，这一切结果都由孩子自己承担。

有人可能会说：孩子还小，不太明白学习有多重要，所以父母要替他操心啊。一方面，父母替孩子操心没有用，反而会让孩子失去学习的自驱力和主动性，有些家长在孩子中小学阶段逼着他们"努力"学习，孩子考上大学，获得自由后，往往容易陷入迷茫和空虚，不知道为何学习，不知道自己喜欢什么，于是浑浑噩噩地度过大学，变得平庸、被动。

另一方面，父母越是逼孩子学习，孩子就越是反抗，因为孩子心里明白，父母口口声声说"都是为了你好"，但其实更多是为了满足父母自己的虚荣心，实现父母未曾实现的愿望。

所以，家长不干涉孩子的学习，就能解决亲子沟通中的一大矛盾。当然，也不是说家长就放任不管，家长可以对孩子表达自己的想法，当孩子需要时，家长要提供支持，比如购买相关的书籍、课程，请家教等，前提是孩子自己需要，而不是家长强迫孩子。

再比如，常见的婆媳矛盾，根本原因也是没做好课题分离。儿子结婚后，和妻子成立了小家庭，很多事情是小家庭自己的课题，公婆不能干涉，比如生娃、育儿理念、操持家务等。

有些公婆看不惯儿子儿媳的生活方式、育儿方式，强加干涉，甚至抢夺儿媳作为小家庭女主人的权力，指责儿子娶了媳妇忘了妈，这就是原生家庭和新的小家庭分不清造成的。也有一些年轻人不承担自己的课题，推卸给父母，比如把孩子交给父母带，自己不管不问，或者成立小家庭后还是不独立，依赖父母，这势必会引起父母的不满。

课题分离，帮助解决其他人际矛盾

课题分离不只适用于解决父母和子女的矛盾，也适用于解决其他人际关系矛盾。我们在人际交往中，不要妄加干涉别人的课题，也不要让别人妄加干涉自己的课题。

比如，一些人很在意别人的评价，被领导批评几句，就闷闷不乐，甚至惶惶不安；被同事议论几句，就非常郁闷。其实别人怎样评价你，那是他们的课题，不是你的课题，你没办法控制。

第三章
这样说，改善关系

而你怎样对待别人的评价，决定要怎么做，才是你的课题，是自己能控制的。做好你认为正确的事，不要太在意别人的评价，走自己的路，让别人说去吧。

我有一个朋友，在一家公司工作了十几年，后来遇到了更好的机会，想跳槽，但是碍于和领导、同事长年累月的相处，大家已经有一定情分和信任，他不好意思提辞职，担心自己离开后，团队会遇到困难，领导会失望和生气，于是他陷入了内耗和纠结中。其实，根据课题分离理论，提出辞职、做自己更加青睐的工作，是他的课题。至于他离开后，领导怎么反应、怎么评价，那是领导的课题。当然，做好交接工作，尽量减少给公司造成的不良影响，是职业操守，也是我朋友课题范围内的事。

一些人在社会闯荡久了，被信任的人背叛，看到小人、不择手段的人反而获得了名利，于是自己也开始堕落，变成了自己过去讨厌的人。其实，信任别人是你的课题，别人如何对待你的信任是别人的课题。你如何做人是自己的课题，别人如何做人是别人的课题。

我们要做好课题分离，把自己课题内的事做好，至于别人的课题，和自己无关。我们不能因为别人的课题发生改变，进而改变自己的课题。你可以背叛我的信任，但是我依然会选择信任其他人；你也许没有走正确的道路，但是我依然选择走光明正道。

还有，在微信等社交软件上沟通时，一些人得不到回复，或者打电话别人不接，就很愤怒。其实，给别人发信息、打电话，是你的课题，但是别人怎样回应，那是别人的课题。不要干涉别人的课题，你控制不了，也不必有过激的反应。

向朋友请求帮助（例如借钱），是你的课题，但朋友是否帮你，就是他的课题。请求帮助时，不必纠结、犹豫，你可以决定自己的事，你的课题由自己做主；别人如果不提供帮助，你也不必生气、失望，因为别人的课题由别人做主。

根据课题分离理论，人际沟通矛盾会很容易解决，以至于初期接触的人不敢相信，不愿承认。

阿德勒说：一切烦恼都是人际关系的烦恼，一切幸福也都是人际关系的幸福。处理人际关系的起点就是课题分离，它的目的不是要让彼此疏远，恰恰相反，是为了让人与人更融洽地相处。就像一团乱麻缠在一起，我们要进行梳理，否则就会剪不断、理还乱。

埃里克森心理社会发展理论：
不同年龄段的人如何度过心理危机

小孩子难管，青少年叛逆、迷茫，青年人被逼婚，中年人面临中年危机，老年人有落寞感。每个年龄段的人都有自己的烦恼。

我们作为家长，应该怎样陪伴孩子度过各个年龄段的心理危机？作为朋友，怎样支持身边人走出内心困境？作为子女，怎样宽慰逐渐老去的父母？心理学家爱利克·埃里克森提出的心理社会发展理论，能给我们带来启发。

他把人的一生分成八个发展阶段（见下表），每个阶段都会面临自我发展与适应社会的挑战，如果成功地战胜了挑战，那么就会获得所需的能力；反之，则会产生心理危机。

人生	阶段	大致年龄	心理危机	需要发展的能力
童年	婴儿期	0～1.5岁	怀疑、不信任	信任
	幼儿期	1.5～3岁	羞怯	自主行动
	学前期	3～6岁	内疚	自控力
	学龄期	6～12岁	自卑	勤奋
青少年	青春期	12～18岁	角色混乱	自我认同
成年	成年早期	18～30岁	孤独感	亲密关系
	成年中期	30～65岁	停滞感	繁衍、创造
	成年后期	65岁以后	绝望感	自我统合

需要注意，埃里克森提出的八个发展阶段仅仅是一种参考框架，不是衡量标准，也不是人生模板。每个个体都有自己独特的人生轨迹，而且随着时代的变化，人的活法更加多元，没有谁对谁错、孰优孰劣之分。但是当我们自己或身边人迷茫、困惑时，埃里克森的理论或许能给我们指明一点方向。

接下来我们把这八个人生阶段展开，重点分析在帮助他人度过心理危机时，应该怎样更好地表达。

1. 婴儿期

小婴儿呱呱坠地，来到这个完全陌生的世界，他们的衣食住行都需要父母或其他人照顾。如果他们的需求能及时被满足，比如饿了有奶喝，困了能安心入睡，醒来有人陪，那么他们就会信任身边的人，觉得自己很安全，对世界充满希望；反之，如果需求没有被及时满足，就会怀疑世界，不信任身边人。

作为父母，要及时满足婴儿的生理和心理需求，不要担心他们被惯坏，这个年龄还没有蛮横、胡闹的意识，他们需要满满的安全感。婴儿清醒时，要多和他们温柔地讲话，尽情地表达你浓浓的爱，不要担心他们听不懂，他们一开始确实听不懂，也不会说，但是他们能感受到你的爱意，这是人类婴儿的本能。

2. 幼儿期

幼儿已经掌握了很多技能，比如走路、说话，他们迫切地想

第三章
这样说，改善关系

了解和探索这个世界，但是又发现自己很多事都不会做、做不好，于是产生羞愧心理。另外，父母设置了诸多限制，规定了诸多要求，比如要学会使用马桶，吃饭不能挑食，不能把食物洒得满地都是，不能和其他小朋友抢玩具，不能在马路上跑来跑去，于是，他们逐渐产生了胆怯心理。

所以，父母在鼓励幼儿主动探索世界和限制他们不当的言行之间，要形成一个合理的平衡。比如鼓励幼儿使用马桶，解释背后的原因，读相关的绘本，但是当孩子剧烈抗拒时，不要强迫、指责他们，更不能因此打骂，这只会让孩子更加羞怯，失去自主行动的意志。其他方面也是如此，在确保人身安全、符合社会规范的前提下，要多让幼儿自主行动，克服羞愧、胆怯心理。

3. 学前期

这个时期的儿童开始上幼儿园，探索的世界更大了，他们的精力旺盛，想象力丰富，比如把一根木棍想象成宝剑，在一起玩过家家。这种言行如果被成人嘲笑和打击，他们就会逐渐失去信心。

他们也会经常"闯祸"，比如不小心打碎了玻璃，把同学推翻在地，说了一些从别处学来的脏话，偷吃东西被父母发现等，因此会常常产生内疚、自责心理。

此时父母需要引导孩子培养自控能力，主动探索、丰富创意是好的，但是要规避不恰当的言行，比如打闹时不能伤到小朋友的眼睛，不能说脏话。当孩子有不当言行时，父母要及时制止，但不要过度惩罚，要让孩子认识并承担错误的直接后果，教会孩子如何纠错，比如打伤了玩伴要当面道歉。

4.学龄期

孩子上小学后，有大量的时间在学校里度过，学习成为他们的主要任务，他们也开始和同学密切接触并交往。学校是一个"小社会"，孩子处在其中，不可避免地会和别人比较。

体育课上，为什么同桌总比我跑得快？才艺展示时，同学们会唱歌跳舞，我好像什么都拿不出手。最重要的是，父母和老师最看重的学习方面，我每天都会遇到那么多不会做的题，难道是我脑子笨，不如别人？

此时孩子在某些方面或多或少都会产生自卑心理，家长要引导孩子培养成长性思维，通过勤奋和努力战胜困难，获得进步，从而超越自卑，获得自信。让孩子明白，一个人在方方面面都比别人强，是不可能的，但是通过努力，超越过去的自己，提升自我能力，从而在某方面获得竞争优势，完全是可行的。只要孩子有过若干次天道酬勤的经历，他就会深刻体验到勤奋和努力的价值。

5. 青春期

这是令很多家长头疼的时期，孩子进入中学后，好像突然就从过去的乖孩子，变成了事事都和父母对抗的叛逆少年。背后的内部因素是青春期生理和心理的巨变，外部因素是随着童年的结束，社会对他们的要求和期许发生变化。在高等教育还没有普及的几十年前，这个年龄的孩子已经要为工作谋生做准备了。

青春期的孩子会产生角色混乱的心理危机，他们内心深处会冒出以下问题：我是谁？未来要成为什么样的人？朋友们怎么看我？我在小团体中是什么角色？我会吸引什么样的异性？

这也是家长能对孩子施加影响的最后阶段，首先要认识到青春期的心理混乱是正常的，就像丑小鸭在成为白天鹅之前，也要经历一段蜕变。家长和孩子交流时，要多倾听孩子的心声，重点关注他对自我的认识，对自己作为子女、学生、朋友等不同角色的看法。理想的结果是，对内忠诚于自己，对外忠诚于朋友和同学，也就是明白自己是谁，希望成为什么样的人，在社会中扮演什么角色，这就说明一个人实现了自我认同。

当然，更常见的情况是，很多孩子不愿意和父母吐露心声，那是因为孩子认为父母解决不了自己的问题，他们更愿意和好朋友倾诉。所以父母可以顺水推舟，借助"外力"去影响孩子，比如优秀的同辈、孩子钦佩的一位老师或长辈，甚至名人传记，都可以帮孩子度过角色混乱、茫然无助的心理阶段。

6. 成年早期

这个年龄段的人通常被称为青年，他们是大学生，或者刚步入职场不久，此时人生观和世界观已经初步形成，完成了自我认同。随着生理成熟和心理需求的发展，青年人面临的人生大事是恋爱和婚姻。

如果一个青年找到了情投意合的恋人，并且建立了牢固的亲密关系，那么就会摆脱孤独感，度过这一时期的心理危机。反之，如果在婚恋方面长期碰壁，缺乏和异性交往的技巧，遇不到自己的"意中人"，或者在情感中屡屡受伤，那么就会产生孤独感，以及对亲密关系的失望和无奈。

作为父母，如果自己的孩子婚恋不顺，不要过多干涉，在情感上给予支持即可，孩子已经成人，让他在此后的人生道路上自己做主，并且独自承担责任和后果。

作为青年人，要主动寻求亲密关系，当遇到挫折时，不要过分气馁，更不要"看破红尘"，从此选择独身；要学习和异性交往的技巧，努力成为更好的自己，然后继续寻找属于自己的姻缘。当然，亲密关系不只有爱情一种，还有亲情和友情，可以和好友多交流，从他人的支持和慰藉中获得人际关系的温暖。

第三章
这样说，改善关系

7. 成年中期

中年人到"不惑之年"，早已完成自我认同，拥有了亲密关系，事业上也步入了稳定的上升期，看似一切顺风顺水，但是"中年危机"却悄然来临，很多人因此陷入一种虚无感。过了半辈子，好像已经活明白了，但是可能会缺乏激情、活力，找不到下一步的人生方向。

埃里克森提醒我们，中年人的心理危机是停滞感，要通过创造、繁衍来应对。比如养育孩子，把下一代培养成乐观积极、对社会有用的人，这个过程本身也是中年人的自我成长；再比如，帮助年轻人成长，把自己的知识和经验传授给他们；还有在事业和爱好上获得进步，例如做自媒体、跑马拉松、担任志愿者等。总之，周围的世界因为你的存在而变得更好，你就不会有"中年危机"，从而避免产生停滞感。

所以，当我们自己或身边亲友陷入中年心理危机时，要思考一下：我有没有在继续成长？我有没有在认真养育孩子？我有没有帮助年轻人成长？周围的世界有没有因为我的存在而变得更美好？

8. 成年后期

老年人退休后，与社会的联系不再那么紧密，而且体能也会逐渐下降。所以有一种力不从心、年老迟暮的感觉，甚至会觉得自己不再被社会需要。回忆自己的一生，如果充满遗憾、悔恨、不甘，那么人就会陷入绝望，不能安然、平静地度过晚年生活。

人是建构出来的，现实的人生是一回事，而人对自己一生的评价则是另一回事。我们要学会和自己和解，和世界和解，完成自我统合，这不是自欺欺人，而是一种智慧。

所以，当我们的父母产生老年心理危机时，要引导他们接受自我、接纳现实。比如，一些老人认为自己的一生过得很失败，年轻时的理想没有实现，或者后悔自己当年没有好好陪伴家人，对不住爱人和孩子。

作为子女或者他们的朋友，要开导他们摆脱绝望感，与世界和解，与其悔恨，不如放下，过好余下的时光。

埃里克森认为，人在每个年龄段都需要解决相应的心理危机，如果顺利度过，就会产生积极的人格特质；反之，则会产生消极的人格特质。当我们自己或身边人有相关困惑时，不妨借助埃里克森的理论去指导言行，渡人渡己。

情绪 ABC 理论：劝慰他人走出负面情绪

当身边的亲友陷入负面情绪，走不出来时，我们会想去安慰一番，但是效果可能不尽如人意。还有，当我们自己遇到想不开的事，应该如何宽慰自己，走出负面情绪？这时情绪 ABC 理论就可以派上用场了。

什么是情绪 ABC 理论

它由美国心理学家阿尔伯特·埃利斯提出，其中 A 代表 Activating event（事件），也就是导致其他后果的客观事实，比如失恋、遇到堵车；B 代表 Belief（信念），也就是对事件 A 的主观理解、分析；C 代表 Consequence（结果），也就是最终的行为或情绪。埃利斯认为，导致人出现负面情绪的（即 C），往往不是事情本身（即 A），而是我们对事情的看法（即 B）。

比如，有一个经典的古代故事：甲和乙两个人进京赶考，都看到了出殡的人家抬着棺材，其中甲认为这是不吉利的象征，可能预示着自己这次考试将名落孙山，心情郁闷，后来果然没考中。但是乙却认为看到棺材是好兆头，因为棺材的谐音是"官财"，也就是升官发财，这预示着自己这次考试将会顺利高中，心情大好，超常发挥，后来果真考上了。

你看，同样的事件 A 导致了不同的结果 C，是因为两个人对事件 A 的看法 B 不同，从而导致他们出现了截然相反的情绪和行为。但当事人自己会认为是事件 A 直接导致了结果 C，而忽略中间的过程 B。

类似的案例在现实生活中每天都在上演。同样遇到堵车，有的人会急躁不安、骂骂咧咧，而有的人却心平气和，打开手机听音乐。同样遇到被裁员，有的人感觉天塌下来了，认为自己这辈子完了，而有的人会淡定地去找工作，开始新的探索。

使用情绪 ABC 理论劝慰他人

理解了情绪 ABC 理论，当我们劝慰身处负面情绪的亲友时，就多了一个理论武器，你可以把这个心理学知识和相关的例子讲给他听，也可以引导对方思考，面对事件 A 还有哪些可能的解释（即 B）。

比如，朋友被公司裁员，他认为自己完了，找你倾诉，你可以劝慰说："公司裁员，这个事情已经发生了，有没有可能这对你来说是一个新的机会，你可以换一个赛道继续打拼"，或者说："你觉得其他人面对被裁员，会怎么想，会怎么做？"

同理，当自己处在负面情绪里不可自拔时，也要想想还有哪些可能的信念 B，是不是自己对事件 A 的解释太狭隘了，钻牛角尖了。比如扪心自问：面对客户拒绝，为什么那些销冠就能泰然处之，越挫越勇，而我就打起了退堂鼓，一定是我对被拒绝这件事情的认识和销冠不一样。用情绪 ABC 理论劝慰自己，能帮助我们走出阴影，做情绪的主人。

三种常见的不合理信念

日常生活中有三种常见的不合理信念（即 B），当自己或身边人有这种想法时，头脑里就要亮起警示灯，否则会导致恶劣的情绪和行为（即 C）。

1. 绝对意志

有这种想法的人就像一个长不大的婴儿一样，以自我为中心，周围人必须支持、喜欢、关爱他，顺从他的想法，否则这个世界就是可恶的、不合理的。

比如，"我明明已经很努力了，为什么还不成功？努力就会成功，我应该成功才对！""她是我女朋友，就应该爱我、呵护我，我这次遇到困难，她居然没有安慰我，这还是女朋友吗！"

当一个人的语言中经常出现"绝对，必须，一定，应该"等词汇时，就要警惕绝对意志这种不合理信念。

2. 以偏概全

用偶然代替必然，用局部指代全局，就像盲人摸象一样，陷入狭隘的、错误的认知。

比如，遇到一两件烦心事，就认为这个世界和自己处处作对，老天爷对自己不公平。或者，看到别人的一个缺点，就认为对方一无是处，不值得交往。以偏概全这种不合理信念，会蒙蔽我们的双眼，让我们失去理性的判断和认识。

3. 糟糕至极

当遇到挫败事件时，会主观地放大其不良后果，自己吓唬自己，认为遇到了最糟糕的情况，陷入不必要的恐慌和担忧中。

比如，在单位里竞聘失败，就觉得自己这辈子都不可能晋升了；失恋了，就认为全世界的男人都是渣男，自己再也不可能遇到真爱了；搞砸了一个项目，就认为自己一无是处。如果长期处于糟糕至极的信念，人就会变得颓废、无助、自卑。

绝对意志的信念让人幼稚，以偏概全的信念让人偏执，糟糕至极的信念让人焦虑。这些不良行为和情绪背后的原因，不是已经发生的客观事实，而是人们的认知，不同的认知导致了不同的结果，甚至不同的命运。

第三章
这样说，改善关系

投射效应：避免以己度人

有这样一个耐人寻味的故事：甲和乙先后出国做船员，走的是同一条航线，但是两个人对外面世界的描述和评价却是截然相反的。甲一路上遇到的都是好人，认为世界很美好，而乙却遇到了无数的坏人，认为世界很凶险。

什么是投射效应

如果从心理学的角度来解释这件事，就需要提到一个概念"投射效应"，是指一个人把自己的喜好、认知、情感，强加在其他人身上，认为他人和自己有同样的倾向。成语"以己度人"说的就是这种心理。

心理学家罗斯做过一个实验：询问 80 名大学生是否愿意背着一块大牌子在校园里走动，结果，其中 48 名大学生选择愿意，并且认为大部分学生也会愿意，其余 32 名大学生选择不愿意背牌，并且认为其他多数人也不会愿意。可见，人们会想当然地以为别人的观念和自己一样。

投射效应有其合理的一面，可以帮助我们通过自己的阅历和体验，更好地理解周围的人，培养同理心。比如"老吾老以及人之老，幼吾幼以及人之幼""己所不欲，勿施于人"，就是很好的例子。

　　同时，我们更应该警惕投射效应的不利影响，人与人之间存在很多相似之处，但也存在大量差异，我们要正视、承认、尊重这些差异，否则会引起误解，带来冲突。

　　比如，一个喜欢吃辣、口味偏重的人，在和朋友、同事聚餐时，如果想当然地认为别人和自己一样，只点自己喜欢吃的菜，或者只去自己喜欢的餐厅，那么会被认为自私、霸道，或缺乏教养。

　　我在大学期间去一个单位实习，遇到一个特别喜欢吃辣和喝白酒的领导，他认为是这些刺激性的饮食治好了自己的胃病，美其名曰"以毒攻毒"。他要求下属也跟着大量吃辣、喝白酒，导致那段时间我出现了严重的肠道问题，至今回想起来都心有余悸。

　　再比如，以小人之心度君子之腹，一个心胸狭窄、心怀叵测的人，认为其他人也是如此，因此处处提防，甚至先下手为强，主动选择与周围的人为敌。很明显，这样的人道路会越走越窄，最终自证预言，真的活在一个"非常凶险的世界"，就像开头例子中的乙一样。

　　另外，父母和子女之间的矛盾，有很大一部分是父母的投射效应造成的，也就是父母以过来人的身份自居，把愿望、想法强加到孩子身上，但孩子毕竟不是父母的复制品，他们有自己独特的基因、经历、偏好。如果父母强迫孩子选择某个专业、和某个人结婚、做某一份工作，或许初心是为孩子好，殊不知却害了孩子。

著名电影《死亡诗社》中，高中生尼尔被父亲强迫辞去校刊编辑工作，被要求不准参加戏剧表演，必须要考上哈佛大学，并成为一名医生。然而，尼尔已经找到了自己的人生梦想——成为一名演员。最终，父亲强迫他转校时，导致了悲剧的发生。

怎样避免投射效应的不利影响

1. 保持开放，尽量多了解事实

以己度人引起误会后，人往往会特别后悔，埋怨自己太着急、太武断。比如，一位房产销售员看到顾客穿着朴素，认为对方穷，买不起房，就没有太用心招待。结果另一位同事热情地和顾客交流，最终成交了两套新房。原来顾客是一位小有成就的企业主，只是向来穿着随意。

其实在沟通中保持一颗开放的心，多倾听，多提问，就能收集到大量有用的信息，从而避免误判、误解。

比如，一对彼此爱慕的青年男女，本来有机会向对方表达心意，但是本能地拿自己的阅历和价值观来猜测对方，以为对方不会喜欢自己，即使表白了也是自讨没趣。然而多年后发现，其实对方也曾喜欢自己，只是此时双方已经不可能在一起了，懊悔不已。如果有任何一方摒弃投射效应，真诚地沟通，也许会促成一段美满的姻缘。

乔哈里沟通视窗告诉我们，人与人之间的盲区非常多，很多事实你知道，但别人不知道；反过来，也有很多事实别人知道，但你不知道。所以需要我们尽量保持开放，把自己知道的告诉对方，通过询问和倾听了解对方知道的，这样才能避免信息不对称带来的不利影响。

2. 尊重差异，认识到别人有不同之处

人与人之间有很多相似点，但也有大量不同。如果只认识到前者，不承认后者，那么就会给自己平添很多不必要的麻烦。

比如，有人认为肥胖都是不自律、意志力不足造成的，因此有点看不上胖子。但事实上，肥胖的背后有多种原因，可能是遗传、疾病、压力等，或许人家已经为减肥付出了艰苦卓绝的努力，只是外人不知道而已。

如果用自己单一的价值观来衡量和评判他人，就会造成认知狭隘，理解不了世界的丰富性和复杂性。

我的家乡在偏僻的农村，自己靠着刻苦学习考上了大学，来到大城市定居，渐渐地在老家人面前产生了一种优越感，有时候看不惯他们的生活态度，认为他们的命运都是自己不努力、不争取造成的。后来随着思想的逐渐成熟，我认识到，自己以前的想法是狭隘的，每个人除了自身原因外，也受到社会环境、时代背

第三章
这样说，改善关系

景的制约，有时候后者的影响甚至更大。

目光再放远到全世界，每个国家、地区的人都有自己独特的风土人情，如果自己不适应、不喜欢别人的生活方式，就认为别人很奇怪、有问题，那就是被投射效应带到沟里去了。

自己的生活方式、价值观不是唯一正确合理的。有人喜欢喝可乐，有人喜欢喝茶；有人练瑜伽，有人打太极；有人生活在热带雨林，有人生活在冰天雪地。我们要尊重差异，承认别人的不同，甚至可以广泛学习，博采众长。

3.避免预设，不要想当然

我们在和他人交往时，会不自觉地有某种预设，然后通过接触和交流，来验证自己的预设。这种做法有时候能帮到我们，比如快速识人，但有时候会造成问题，甚至自证预言，掉进自己挖的坑里。

比如，一个专家向外行介绍专业知识，使用大量的专业术语、复杂的概念，导致别人听得云里雾里，这样的专家就陷入了"知识的诅咒"，即默认别人都能理解专业知识。

再比如，一个领导对迟到的下属非常不满，认为他对工作缺乏责任心。妻子对丈夫忘记自己的生日耿耿于怀，认为这是缺乏爱的表现。这些情况都是站在自己的立场，用自己的思维来预设别人，极有可能带来沟通障碍。

那么，我们应该怎么做呢？笔者认为，有预设，不如没预设；恶意的预设，不如善意的预设。

苏格拉底说：我唯一知道的，就是我一无所知。先哲的话不仅仅是谦虚，而是一种真实有效的认知方式。当我们不加预设地和他人沟通时，会耐心地倾听每一句话，询问自己不懂的地方，看似沟通过程很慢，但其实是最高效、对双方最有利的。

另外，即使有预设，也不要有恶意的预设。比如前文的例子中，领导面对迟到的下属，先默认对方有合理的难处，耐心地询问其具体情况。前面案例中的船员甲默认世界是友好的，他人是善良的，后来也确实"验证"了自己的预设。

有人可能会想：我这样做，会不会太傻，会不会吃亏？其实，在现代文明社会里，这是对自己更有利的思维方式。我们处在一个老实人比精明小人活得更好的时代，你给别人善意的预设，如果被欺骗，那么下次不给这样的人机会即可，但不必因噎废食，对其他人还是要从善意的预设开始。

总之，以己度人需要把握一个度，才能避免投射效应造成的不利影响。我们可以有自己的喜好、愿望、情感，但不能都强加在别人身上，不能以此去揣测别人。

正如孔子所说：君子和而不同。别人想的和你不同，是很正常的。

第四章

这样说，增强说服

短时记忆：让别人记住你的话

我们和别人交流时，有时候希望别人能记住我们所说的重点。比如，告诫孩子暑假要做好哪些事，结果孩子左耳进、右耳出，很快就忘记了。在工作场合发言，希望大家能记住你精心提炼的 8 条经验，结果同事却只能回忆起来两三条。反过来，我们在听别人说话时，想记住对方的要点，结果却经常挂一漏万，难以记住。

除去态度问题，单就记忆能力方面，心理学的研究成果可以给我们帮助，让我们说的话更容易被别人记住，同时我们也更容易记住别人说话的重点。

什么是短时记忆

美国心理学家乔治·米勒在其论文《神奇的数字 7±2：人类信息加工能力的局限》中提出，人在短时间内能记住的信息数量通常是 7±2，也就是 5 到 9 个。

这个理论的高明之处还在于：它指出，人可以把若干信息点进行编码，形成组块。也就是说，短时记忆的数量其实是 5 到 9 个信息组块，这就大大增加了人的记忆广度。

举个例子，我们记 13 位的手机号码时，已经超出了短时记忆的数量，所以通常把手机号码分成 3 段来记，每一段记 3 到 4 个数字就行。记 18 位的身份证号码也是同理。

怎样让别人记住你的话

短时记忆给我们在说话方面的启发是，如果你要表达的重点比较多，最好进行分类，每一类下面讲少量重点，这样能方便别人记住。一般来说，书面语言的分类最好不超过 7 点，口头表达的分类最好不超过 4 点。

比如一个人说：我有 8 个爱好，分别是游泳、跑步、画画、弹吉他、网球、摄影、读书、旅游。就不如说：我有 3 类爱好，运动方面我喜欢游泳、跑步、网球，艺术方面我喜欢画画、弹吉他、摄影，开阔眼界方面我喜欢读书和旅游。当然，也可以是别的分类方式，总之要方便别人理解和记忆。

我曾经听一个好朋友讲他相亲对象的事，最后我给他总结说："这个女孩挺好的，根据你的描述，她至少有三个优点。第一，她很上进，工作后考了好几个证，而且还经常参加读书会；第二，她很有趣，去讲过脱口秀开放麦，玩过蹦极，喜欢爬山；第三，她比较宽容，你约会迟到了，她也没有过分指责，在餐厅吃饭，对服务员的失误也能大度原谅。"这位朋友听完后，连连称赞，觉得我比他还要了解这个女生。其实我只是把他说的信息点进行了分类归纳而已。

演讲培训班的一位学员，曾经把他的年终总结PPT发给我，请我帮忙指导。我看完后，感觉杂乱无章，因为他罗列了10点工作内容，但是没有进行合理的分类和排序，这样别人听起来肯定会认为缺乏重点、思路不清。

所以我给他的建议之一，就是对内容进行分类，比如分成项目前期、中期、后期三部分工作。也可以分成公司内部和外部工作，公司内部工作又分成业务和管理两部分。分类后，每部分下面讲三四项工作内容，这样别人听起来就会更清晰，更容易理解。

总之，我们在说话时，可以有意识地对自己的内容进行分类，尤其是在重要场合的正式发言，更要做到条理清晰。在听别人说话时，如果对方传递的信息杂乱无序，你也可以试着进行分类理解和记忆，成为善于倾听的有心之人。

中心路径和外围路径：怎样选择说服策略

美国前总统尼克松曾说：如果让我重进大学，我将修好两门课——演讲和说服。说服是日常生活中常见的沟通类型，也是很多人希望提高的能力。

我们从心理学的角度，学习一下怎样说服。心理学家经过研究发现，说服通常包括两种途径：中心路径和外围路径。

什么是说服的中心路径和外围路径

中心路径是指从理性的角度出发，用翔实的事实、数据、细节等证据说服对方。比如，一名销售向顾客介绍产品的功能、价格、质量，以打动顾客。

外围路径是指从感性的角度出发，用通俗易懂的故事、吸引人的视觉形象，或者从人际关系方面着手，来说服对方。比如，销售对顾客说："我们品牌的形象代言人是某某明星，品质绝对放心""大家都买了，你再不买就落伍了""请帮帮忙，我今天如果完不成销售业绩，就要被辞退了"。

总之，中心路径的重点是：我说的内容本身是有道理的，经得起论证和推敲。所以，中心路径下，说服效果会更持久，说服对象较少出现事后反悔，甚至会越想越认可。

外围路径下，表述的内容和事物本身的性质关系不大，采用"曲线救国"的方式达到劝说目的。说服对象当场被打动，事后仔细揣摩，可能不觉得有道理、有必要，甚至有一种"被忽悠"的感觉。

这两种路径没有好坏优劣之分，只是适用的范围和方式不同。实际上，人们在劝说时，经常将两者结合使用，正所谓"动之以情，晓之以理"，动之以情就是外围路径，晓之以理就是中心路径。

什么情况适合采用中心路径

从说服者角度看，如果掌握充足、权威的论据，有清晰的逻辑思路，就适合采用中心路径。从说服对象角度看，如果面对相关的专业人士、善于理性思考的人、认知较高的人，而且有兴趣积极聆听，那么就要采取中心路径。

比如，在大部分商务提案、工作汇报中，演讲者都需要拿事实和数据说话，否则会被认为缺乏说服力。再比如，组织或个人购买金额较高的产品时，会更谨慎，此时销售者就需要在中心路径方面下功夫，突出产品本身的质量和特点。

采用中心路径时，既要尽量使用准确和真实的论据，同时也要采取严谨的论证过程，比如常见的归纳和演绎推理。

第四章
这样说，增强说服

什么情况适合采用外围路径

当劝说对象是不懂某个领域的外行、比较感性的人、认知较低的人，或者没时间深入了解，兴致不高时，就可以采取外围路径来劝说。

就像我们在购买普通商品时，通常不会花大量时间研究其成分、作用，而是根据品牌形象，或者凭感觉，看包装，这也是商家重点下功夫的地方。他们除了强调商品的质量（中心路径），还会重点关注设计包装和广告宣传语，请明星代言，开展促销优惠活动，这些都是外围路径的说服策略。

社会心理学家罗伯特·西奥迪尼的著作《影响力》，详细描述了采取外围路径劝说他人的六种策略：互惠、一致、从众、喜好、权威、稀缺。这些策略都利用了人的本能和心理规律，下面我们逐一说明。

1. 互惠

面对他人的某种恩惠，我们会本能地想给予回报。比如去逛超市时，本来不准备买某种商品，但是推销人员热情地邀请你试吃或试用，结果你碍于情面，就乖乖买单了。心里还在说服自己：这就是我想要的，这很划算，这个商品品质蛮好的。

发现了吗？推销人员说服你，采取的是外围路径。而你说服自己，采取的是中心路径。我们以为自己是理性的，其实很多时候是感性的。

2. 一致

人们如果先前做过某种承诺，发表过某个观点，那么之后就会尽力让自己的言行和之前保持一致。"一诺千金""君子一言，驷马难追"说的就是这种前后一致。

比如，单位在召开动员大会时，请团队成员一起宣誓，那么之后再进行说服和管理时，就会更加容易。再比如，人们购买商品或服务时，如果支付了订金，那么这笔交易完成的概率就会大大提高，毕竟谁都不想成为言而无信、"打自己脸"的人。

3. 从众

如果我们看到其他人都在做某件事，就会认为这样做是有道理的，从而更容易加入其中。这在心理学上被称为从众效应，是人类社会的一种普遍现象。

比如，你路过一家奶茶店，本来不打算买，但是看到一群人在排队，心想这家店的奶茶一定很好喝，于是也加入到排队中。所以，有时候商家会安排"托儿"扮演消费者，以吸引其他顾客，就像楼盘开售时热闹非凡的售楼大厅，其中一部分就是地产商邀请的"自己人"。

还有网络诈骗群，其中绝大部分成员都是"托儿"，只有少量几个人甚至只有一个人是精准被骗对象，在看到其他人都纷纷投资或下单时，这个人也就跟着做了。所以遇到这种情况要注意辨别。

4. 喜好

人们对于自己喜欢、和自己相似的人提出的要求，更容易相信和答应。正所谓"爱屋及乌""物以类聚，人以群分"。

因此，有的人放长线，钓大鱼，先和陌生人建立关系，慢慢成为朋友，然后再推销自己的产品或服务。比如部分保险代理人发展客户，就是用这种方式。生意场上先宴请、拜访、交流，彼此熟悉后，再谈合作。

也有人用短线思维，利用喜好心理迅速拉近关系，达到劝说目的。比如找到彼此的相同之处，可能是老乡、校友，有相同的行业或岗位经历，有相似的兴趣爱好，都是二孩宝妈，等等。我们参加校友会、地方商会、行业论坛、家长会等活动时，会不自觉地产生一种亲近感，更容易被其他人影响和说服。

5. 权威

权威形象会让人本能地产生服从和敬畏心理。比如医生、警察、法官等职业人士穿上制服，就会对他人产生强大的影响。如果他们身着便装，出现在日常生活中，影响力就会降低。

心理学家津巴多在斯坦福大学做过一个著名的监狱实验：24

名心智正常的志愿者，被随机分为 12 名狱警、12 名囚犯。虽然大家都心知肚明这只是一个实验，不是真的，但很快就进入了和真实监狱类似的模式，狱警开始显示权威，囚犯开始害怕狱警，并尝试反抗，又被制服，有的囚犯甚至濒临崩溃。这个原本计划 14 天的实验，在第 6 天被迫终止。斯坦福监狱实验证明了权威对人的强大影响力。

权威既包括外在的穿着形象，也包括无形的头衔、身份。当我们希望影响和劝说他人时，要注意打造自己的权威性、专业性。比如，你面前有两位陌生的律师，一位西装革履，另一位穿着随意，在两人有水平相当的资历、口才情况下，你会更容易被前者所打动。

6. 稀缺

某种物品或某个机会短缺时，更能激发人们的行动力。"物以稀为贵""机不可失，时不再来"、饥饿营销等劝说语言或措施，都利用了稀缺策略。

比如，双十一期间商家的宣传语"全年最低价，错过等一年""疯狂大甩卖，最后 100 件"，拍卖场上主持人的引导语"2 万元第一次，2 万元第二次，最后一次机会"，都是在激发人的稀缺心理，达到影响和说服的目的。

假设起点是现状，终点是劝说目标，那么从起点到终点的直

第四章
这样说，增强说服

线就是劝说的中心路径，它不绕弯子，直奔主题，靠理性直接说服。从起点到终点的各种弯弯曲曲的线路，就是外围路径，它有多条路线，向着同一个终点迂回前进，靠感性间接说服。

当我们要说服他人时，需要考虑怎样利用中心路径和外围路径。

框架效应：影响别人的想法和决策

面对同样的半杯水，"哇！还有半杯水"和"唉！只剩下半杯水了"，这两种说法给人的感觉是截然不同的，前者是正面表达，激发了人的积极情绪，后者是负面表达，激发了人的消极情绪。其背后有一个心理学理论：框架效应。

什么是框架效应

框架效应是指人们对同一个客观问题的不同描述，导致了不同的决策判断。这个理论的提出者是卡尼曼和特沃斯基，他们用心理学的方法研究经济学，获得了诺贝尔经济学奖。

卡尼曼做过一个著名的实验：假设我们要面对一种传染病，这个病预计会夺取600条生命。我们有两种方案，如果用保守方案，有200个人能确定活下来；如果用冒险方案，有三分之一的概率600个人都能活，有三分之二的概率一个人也活不了。请问你倾向于选择哪种方案？

接下来换一种说法：面对同样的状况，如果用保守方案，有400个人确定会死；如果用冒险方案，有三分之一的概率没人会死，有三分之二的概率600人全都会死。请问你倾向于选择哪种方案？

实验结果是：第一种说法中，有 78% 的人会选择保守方案；第二种说法中，70% 以上的人会选择冒险方案。你也发现了，其实两种说法的本质是相同的，只是表述方式不同，第一种表述引导人们关注确定存活带来的欣慰感，第二种表述引导人们关注确定死亡带来的痛苦感。

怎样影响别人的想法和决策

根据框架效应，我们在面对客观事物时，可以根据自己的目的，选择相应的描述方式。如果希望对方减少某种行为，就要激发他的消极情绪，突出负面因素；反之，如果希望对方增加某种行为，就要激发他的积极情绪，突出正面因素。

1. 劝说戒烟

比如，你劝说朋友戒烟，可以讲讲吸烟的人当中，患肺癌者所占比例有多高，而不是吸烟的人当中，身体健康者所占比例有多高。

但是，当你的朋友真的因为吸烟得了肺癌，你为了鼓励他坚定治疗信念，要说肺癌病人的存活率有多高，而不是死亡率有多高。你看，面对同一件事，仅仅是换一种说法，就能影响人的想法乃至决策。

2."刻度尺"话术

"刻度尺"话术也利用了框架效应,当你劝说别人时,可以请他打分。比如,为了引导一个悲观的人关注积极和幸福的一面,你可以说:"假如你给自己的现状满意度打分,1～10分,你会打几分?"对方可能回答4分、5分,甚至1分。

你可以继续说:"嗯,有点超乎我的预期,没想到你打4分,我本来以为会更低,这4分里有哪些让你感到满意的事呢?"对方会说出自己感觉良好的一面,从而激发积极情绪。

反之,当你给一个骄傲自大的人泼冷水时,就要引导他关注负面因素。比如可以说:"听说你这次活动办得很成功,我很好奇,假设你给这次活动打分,1～10分,你会打几分?"对方可能回答9分甚至10分。

你继续说:"听你的口气,还有那么一点点是不太满意的,那是什么呢?可以聊聊吗?"对方会说出让他感到不满的一些事,你再进一步追问,就会激发他的消极情绪,关注到自己不足、有待改进的一面,从而对自己有更加全面客观的认识。

3. 好消息和坏消息

当你有多个好消息告诉别人时,要分开一次次说,这会让对方的快乐加倍;反之,当你有多个坏消息时,要一次性告诉对方,这会最大程度降低对方的痛苦。

比如，老板奖励员工，今天说："这次项目做得很成功，每个人发奖金 3000 元。"员工听了以后高兴好几天。过了几天老板又说："另外，经过公司讨论，奖励项目团队去九寨沟旅游 4 天。"员工又会高兴很长时间。但是两个好消息放在一起公布，带给员工的快乐程度就不如前者高。

一位企业主发现公司同时面临多个重大问题，包括资金短缺、大客户流失、新项目被迫关停，最好在一次会议中向团队说明所有问题，让大家意识到现实情况的严峻性，集中精力讨论全面的对策。反之，如果企业主分三次会议，每次讲一个问题，会让团队感到接连被打击，疲于应对，失去信心。

总之，同样一件事，你这样说，别人可能就会这样想、这样做；你那样说，别人或许就会那样想、那样做。表面上是语言的艺术，背后其实是对心理和人性的揣摩。学点心理学知识，真的能帮助我们更会说话。

对比效应：善用对比，更有冲击力

家长如果经常拿自己的孩子和"别人家的孩子"比较，会让孩子越来越没自信。你去商店买东西，看到原价 1000 元的产品，优惠促销价是 600 元，会觉得很划算，购买的可能性大大提高。你在工作中，会把两个领导或下属、客户进行比较，感觉其中好的一方越发好，而相对差的一方会越发差。这背后都有对比效应在起作用。

什么是对比效应

对比效应起源于对人的某个感官进行不同的刺激，进而让人产生对比明显的不同感受。

有一个实验，让参与者的左手伸进热水里，右手伸进冷水里，感受不同的温度。然后把两只手同时伸进常温的水里，这时两只手感受到的温度是不同的，左手感觉水更凉，而右手感觉水更热。这是对比效应的体现。

下面两幅图，中间的灰色小正方形，哪个看起来更亮？是不是左边的？但其实两个小正方形的灰度、亮度是一样的，只是左边在黑色轮廓的映衬下，显得更亮，而右边小正方形在浅灰轮廓的映衬下，显得更暗。这就是感觉上的对比效应。

第四章
这样说，增强说服

对比效应扩展到思维、观念领域，也是一样存在的。

《怪诞行为学》的作者丹·艾瑞里，在麻省理工学院做过一个研究，请学生在以下两种方案中做出选择：第一种是用59美元订阅《经济学人》的全年电子版杂志，第二种是用125美元订阅纸质版杂志，同时免费赠送电子版。结果68%的人选择电子版，只有32%的人选择纸质版＋电子版。

如果把订阅方案调整一下，除了前面说到的两种之外，再增加第三种：125美元只订阅纸质版杂志，不赠送电子版。结果愿意用125美元订阅纸质版＋电子版的人，从之前的32%，提高到了84%！仅仅是增加了一个看似多余的选项，就形成了强烈的对比，显得第二种方案非常划算，进而影响人们的想法和决策。

怎样善用对比，让语言更有冲击力

对比效应对我们在说话和做事方面，有什么指导价值呢？总的原则就是：有时候我们要善用对比，让好的显得更好，差的显得更差；有时候我们不要对比，否则会给别人带来伤害，让对方感觉更糟糕。

1. 赞美别人时，可以和他的过去对比，或者和他的同类人对比

比如，赞美一个女生身材好，如果只是说"你身材真好"，就很普通。但如果说"几个月不见，你变化好大啊，身材更苗条了"，或者说"都是二孩妈妈，别人生过两个孩子后，身材都走样了，你这一看，好像跟没生过娃似的，身材太好了"。这样对比式的赞美，会放大一个人的优点，让对方更开心。

你赞美领导，如果只是说"领导，您水平真高，真是高人"，就显得没水平。但如果说"像您这样级别的领导，还能对一线业务了如指掌，真让人佩服"，这样的对比就会凸显出领导与众不同的优点，让你的赞美效果更好。需要注意，只能和领导的同类人——也就是和同级别的其他领导对比，不能和下属对比。比如说"领导，您水平比我高多了，佩服啊"，这种赞美会让领导感到不适，不如不说。

第四章
这样说，增强说服

2.教育孩子，或指导下属时，不要轻易和其他人对比

没有对比，就没有伤害。我们从小到大最讨厌的人之一，就是"别人家的孩子"，但是很多家长偏偏就喜欢拿自己孩子和别人家的孩子对比。比如对孩子说："人家小明考了98分，你才考了65分，都是一个班的，你怎么就不能跟人家好好学学呢""你钢琴考试连五级都考不过，隔壁小红都已经考过十级了"。

作为过来人，大部分成年人在小时候都听过类似的话，也知道这些话对自己的伤害有多大，所以就不要再对自己的孩子说出类似的话了。在对比效应的作用下，这样的对比会让孩子感觉很糟糕，觉得自己不如别人，进而盲目低估自己，产生自卑心理。

在职场上，有些领导喜欢把不同的下属比来比去，并且在下属面前说出来，这会给下属带来不必要的压力，甚至会让下属产生无助感，嫉妒其他同事。在领导的公开对比之下，下属身上本来普通的问题和不足，会显得更加糟糕。

3.面对客户时，要善用对比，让客户感觉更划算，更愿意买单

我在买二手房时，就亲身体验过房产中介的"套路"。一个二十多岁的小女生，带着我和爱人先看了三套比较差的房子，要么是小区老旧，要么是房子里面装修不好，然后带我们看了一套相对好的房子，我和爱人瞬间眼前一亮，感觉这个房子简直太好

了,恨不得立即买下,免得被其他人抢走。

这就是房产中介利用对比效应,让客户产生的错觉:差的显得更差,好的显得更好。如果只看相对好的房子,你感觉不到什么,也就不会产生想买的冲动。

向客户报价时,可以先展示高价产品,然后展示低价产品,客户就会感觉后者更划算。比如,我有面向C端用户开设的演讲培训课程,一对一私教服务是3万元,报小班制的演讲训练营,学费是3980元,对比之下,后者的性价比就很高。

向客户报价时,也可以先展示原价,然后展示打折价或促销价。这是商家的常规套路,虽然屡见不鲜,但是效果屡试不爽,因为消费者很难抵制住对比效应带来的诱惑。

很多商家会故意设置一些价格高得离谱的产品,目的不是要卖出去,而是和常规产品形成对比,让后者看起来更便宜,引导客户下单。比如,一款礼盒的旗舰版价格是2000元,豪华版价格是1500元,精美版价格是998元,商家真正想促销的往往是最后一种。

4. 要提防对比效应带来的不利影响,避免陷入非理性判断

比如在商家促销时,冲动消费,买了自己根本不需要或者价格虚高的东西,事后懊悔。

在相亲时,遇到差距很大的两个人,心里会把好的那位想象

得更好，差的那位想象得更差。其实如果没有强烈的对比，前者不见得有多好，后者也不见得有多差。

在社交活动上，接连遇到几个无趣的人，突然遇到一个有趣的人时，会放大他身上的优点，觉得这个人太好了。其实这里面有误判和高估的成分。

观摩比赛时，一位表现优秀的选手后面，如果是一位水平普通的选手，会感觉后者更差；或者，前面几位选手都表现平平，突然来了一位优秀的选手，会让你眼前一亮，觉得这位超级好，评委会打出高分，观众会产生高估判断。

总之，该对比的时候对比，不该对比的时候别对比。多用对比做一些利人利己的事，避免非理性对比让自己产生误判。

归因理论：怎样解释，让人更理智

当一件事发生后，人的本能是寻找原因，进行解释。比如，伴侣提出分手，可能解释为"他（她）不爱我了"，也可能解释为"他（她）爱上别人了"。考试失败，可能解释为"我运气太差了"，也可能解释为"我太笨了"。不同的原因解释，会带来不同的心境，导致不同的行为。

心理学中的归因理论值得我们学习，在帮助自己或他人分析成败的原因时，要更加合理地归因，进而优化之后的行为。

心理学家海德提出，事件的原因有两种：一是内因，比如情绪、态度、人格、能力等；二是外因，比如外界压力、天气、情境等。

心理学家韦纳对归因进行了细化，提出内部因素包括：能力、努力、身心状况，外部因素包括：工作难度、运气、外界环境。衡量这些因素的维度，除了内外部，还有稳定性和可控性。

稳定性是指在时间上是否前后一致，比如人的能力在一段时间内是相对稳定的。可控性是指在性质上是否由个人意愿决定，比如努力程度是可以主观决定的，但是外部环境就不是个人所能控制的。

第四章
这样说，增强说服

我们通过下面的表格能理解得更清楚：

因素	能力	努力	身心状况	工作难度	运气	外界环境
内外部	内部			外部		
稳定性	稳定	不稳定	不稳定	稳定	不稳定	不稳定
可控性	不可控	可控	不可控	不可控	不可控	不可控

根据以上归因理论，关于怎样解释原因，能让自己更理智，笔者有以下建议：

1. 当自己成功时

除了肯定自我能力和努力，也要考虑外部因素，比如难度可能比较小，运气好，外界环境有利，他人帮助。这样可以让我们少一分狂傲，多一分谦逊。

举个例子，甲和乙在同一家公司做销售员，业绩都很好。甲认为自己在销售方面天赋异禀，比其他同事高明，因此自信狂妄，不思进取，不把其他人放在眼里。而乙对自己的能力也感到自信，但同时他也知道背后有行业红利和公司品牌的原因，不全是自己的功劳，因此很谦虚，继续提升自己的能力，学习行业内外的新知识。三年后，行业重新洗牌，大量公司倒闭，他们所在的公司也遇到困境。甲因为得罪了很多人，而且能力没什么长进，被公司裁员。而乙则被提拔为销售部负责人，带领团队度过了难关。这就是不同归因导致的不同行为和结果。

满招损，谦受益，这句古语至今仍适用。为什么有些人会骄傲自满？因为归因时没考虑外部因素，而谦逊的人明白，自己的成功有运气成分，还有大环境和其他人的帮助。

一些知名大公司的职员离开原来的平台后，发现自己能找到的工作薪水大幅下降，原来，之前的荣耀和光环都是公司给的，自己的能力并没有想象中那么强。这同样是忽视外部因素的例子。

2. 当自己失败时

遇到挫折、失败时，我们当然应该首先找自身原因，但是如果过分强调自己的努力不够、能力不行，就会陷入无助、无力的状态，甚至会"习得性无助"，出现抑郁情绪，严重的情况还会患上抑郁症，认为自己是一个彻头彻尾的失败者。

这时我们应该宽慰自己两点：第一，内因方面，能力在短时间内难以改变，但是可以慢慢提升，需要持续学习和训练；努力是可以主观控制的，要投入更多精力和时间。第二，外因方面，也要认识到运气、难度、外界环境的重要性，所谓"万事俱备，只欠东风"，即便万事俱备，但如果没有东风这个外因，事情也还是办不成，因此不要过分自责。

比如，同样面对大学英语六级考试失利，甲的内心对话是：

第四章
这样说，增强说服

这次考试太难了，明明上一次的考试题目没这么难，我太倒霉了。甲认为是外部因素造成的，会继续选择下一次考试碰运气，听天由命。

乙的内心对话是：很多题目我都没做过，说明复习还不到位，需要继续做题。乙从努力程度这个内因上分析问题，得到的结论是自己需要更努力。

丙的内心对话是：我考这么低，看来天生就不是学英语的料，算了，以后不考了。丙把原因归结为自身能力这个内部因素。

甲乙丙三个人中，谁的归因最合理呢？没有绝对的答案。从行动层面来看，乙最务实，在以后的考试中会逐渐提高成绩。甲虽然没有否定自己，但是把希望寄托于外部的运气，缺乏主观能动性。最不可取的就是丙的归因，他没有认识到自身努力的因素以及外部因素，不仅放弃了通过考试的机会，而且否定了自己，长此以往，容易自卑，甚至自暴自弃。

再比如，失恋、离婚中，被"抛弃"的一方，当然要从自身找原因，思考自己在这段关系中有哪些对错得失，以便在下一段关系中调整自我。但如果只看到自己的问题，就容易陷入沮丧情绪不能自拔，甚至认为自己一无是处，再也找不到合适的伴侣了。因此也需要考虑外部因素，比如对方也有过错，双方都挺好，但彼此不合适，等等。

总体来说，成功、乐观时，想想外部因素，让自己冷静一点，避免头脑发热、狂妄自大；失败、悲观时，除了从自身找原因外，也要适当考虑外部因素，避免过分沮丧和自责。

3. 评价别人的成败时

当别人成功时，人们会羡慕、嫉妒，容易把对方的成功归结为运气好、有人脉、把握了机遇等外部因素，这样的归因对自己没有价值。此时可以思考一下别人成功背后的内部因素，比如他的能力如何、努力程度怎样、身心状况等，这些是我们能从中学习和借鉴的。

当别人失败、犯错时，不要只抓住内部因素不放，认定其能力不行、品德不行、努力不够，也要想想可能有哪些外部因素，这样可以让我们更加宽容，有同理心。比如，你的下属把项目搞砸了，如果不了解背后的原因，就武断认为其缺乏责任心、能力不够，对其批评一顿，可能会产生误解，因为也许有外部不可控的因素。

圣贤能做到严以律己，宽以待人，但普通人往往会宽以待己，严以律人。自己迟到了，会原谅自己，因为遇到大堵车，可以理解；但是别人迟到，就是责任心有问题。自己去酒吧，是因为心情不好，可以理解；别人去酒吧，就是不正经。自己闯红

第四章
这样说，增强说服

灯，是因为赶时间，而且确认了路况安全，可以理解；但是别人闯红灯，就是素质低，不守规则。

这些都是单一归因造成的认知偏差，如果想让自己更加开放和包容，就不要把别人的问题都归结于单一原因，或者只考虑内部原因。

4. 面对别人的问题时

在人际交往中，遇到别人不配合、没做好等问题时，如果可以解释为能力原因，就不要解释为态度原因。宁可默认为对方无能，也不要解释为恶意。

比如，你给下属布置的工作任务，他没有完成，或者完成得不好。你如果解释为能力原因——下属可能暂时不具备相关的知识和技能，这时你会心平气和地和他沟通，了解事实，提供帮助。

如果解释为态度原因，认为下属故意不配合，工作积极性和责任心有问题，那么你就会带着负面情绪和他沟通，甚至会气急败坏地批评一顿。很明显，这不利于解决问题，可能还会造成误会。

当然了，事不过三，如果对方三番五次做不好，那么就要考虑他的态度和意愿有问题，我们就可以采取相应的手段。但初期要默认对方是"好人"，对方只是掌握的信息不全，能力不足。

这有助于我们在人际冲突中保持理性，不至于动不动就宣泄情绪，不仅解决不了问题，事后还追悔莫及。

在日常生活中，人们之所以容易对亲人不耐烦，发脾气，反而对其他人很友好，一个关键原因就是默认亲人是"坏人"，其他人是"好人"。

比如，自己的孩子考试不及格，你就火冒三丈，批评孩子不好好学习，态度不端正。但是朋友的孩子考试不及格，如果你恰好在场，可能会安慰和鼓励孩子，或者耐心地询问原因。为什么同样是考试不及格，自己的孩子就是态度问题，而朋友的孩子就是能力问题？

我们以为对身边的亲人足够了解，所以沟通时缺乏耐心，武断认为对方的态度和意愿有问题。这样的沟通带来了"三宗罪"：自己容易有负面情绪，不利于了解全部的事实，可能会误解对方。

综上，了解和运用归因理论，可以帮助我们更好地理解自己和他人的行为，从而更理智地处理人际关系和情绪问题。

第四章
这样说,增强说服

登门槛效应、留面子效应:怎样提需求,更易被答应

我们经常向他人求助或提出需求,怎样让别人更容易答应你?怎样提高别人帮助你、满足你需求的概率?有两个心理学知识可以给到我们启发。

什么是登门槛效应("得寸进尺"策略)

如果向对方直接提出你的请求,难以被满足的话,可以先向对方提出一个小小的请求,被满足后,再向对方提出你真正的请求,被满足的概率会大大提高。就像登门槛一样,一级一级往上爬,所以被称为登门槛效应。

心理学家弗里德曼与弗雷瑟做过一个实验:派人随机访问一组家庭主妇,要求她们将一个小招牌(用于公益宣传)挂在家里的窗户上,这些家庭主妇愉快地同意了。过了一段时间,再次访问这组家庭主妇,要求将一个不仅大而且不太美观的招牌放在庭院里,结果有超过半数的家庭主妇同意了。

与此同时,又随机访问另一组家庭主妇,直接提出将不仅大而且不太美观的招牌放在庭院里,结果只有不足 20% 的家庭主妇同意。这个实验证明了登门槛效应的存在,之后有学者继续开

展类似的实验，进行了验证。

背后的原因是人们希望保持认知协调，给他人的印象前后一致。潜在心理过程是：我已经帮你一次了，说明我是一个乐于助人、愿意参与公益的人，现在你又提出一个请求，虽然比较困难，但是我不希望自己看起来是一个反复无常、出尔反尔的人，所以我就再帮你一次吧。

先提出小请求，后提出大请求

登门槛效应启示我们，向别人提出一个可能会被拒绝的请求时，可以先提出小的请求作为铺垫。

美国的本杰明·富兰克林，年轻时在费城闯荡，想结交一位大咖，但是对方很高傲，没给富兰克林好脸色。于是富兰克林采用"迂回战术"，向大咖请求借一本书阅读，大咖答应了，一来二去两个人就逐渐熟悉了，后来大咖帮了富兰克林很多忙，他们也成为终生的好朋友。富兰克林在这件事中就利用了登门槛效应。

销售员向客户推销产品时，也经常利用登门槛效应。比如，先邀请客户低价体验，降低客户的决策成本，等客户有过良好体验后，再逐步推出高价产品。再比如，某品牌净水器给用户免费安装和试用，一段时间后，用户再决定是否正式购买。

第四章
这样说，增强说服

一个男生在追求女生时，如果开始就摆出夸张的架势，比如赠送贵重的礼物，或者在大庭广众之下表白，反而很难成功。但是如果先提出"一起看电影""约个饭吧"等邀请，女生答应的概率会大大提高。随着双方的接触和了解，男生可以逐步提高"难度"，根据登门槛效应，女生拒绝的可能性会降低，女生甚至会想：我和他一起做了这么多事，是不是喜欢他呢？

老师和家长在教育孩子时，如果开始就提出和孩子能力明显不匹配的要求，那么孩子就会抗拒，产生逆反心理。但是如果循序渐进地向孩子提出要求，慢慢改变孩子的认知和能力，就会取得良好的效果。比如，家长希望一个从来不运动、体重超标的孩子多运动，可以先邀请他一起观看运动类的节目，接着换上运动衣去户外走走，然后根据孩子的意愿，参加一些体育类体验项目，孩子有兴趣后，逐渐提高难度、增加强度。经过一段时间后，孩子就会养成运动的习惯。

总之，登门槛效应告诉我们：帮助你一次的人，更容易再次帮助你；满足过你需求的人，更有可能再次满足你。

同时，也要警惕别有用心的人利用登门槛效应"套路"我们，导致自己轻则被骗钱财，重则陷入人身危险的境地。

经典电影《沉默的羔羊》中，罪犯伪装成残疾人请求女性帮忙，就是从提出小请求开始，让女性逐步落入圈套，失去自由和生命。所以，面对不合理的请求，要果断拒绝，不要顾虑自己是否前后一致。

什么是留面子效应（"退而求其次"策略）

留面子效应和登门槛效应的做法正好相反。在向他人提出需求时，先提一个让对方难以接受的需求，对方会拒绝，然后再"退而求其次"提出你真正的需求，这时对方为了消除先前拒绝你带来的愧疚心理，很可能会答应你。

心理学研究者查尔迪尼做过一项实验，他们请求一批大学生花两年时间，担任一个少年管教所的义务辅导员，这是一件费神费力的工作，几乎所有大学生都拒绝了。他们接着又提出了一个小请求，让大学生带领少年们去动物园玩一次，结果50%的人接受了此请求。而当研究者向另一批大学生直接提出这一小请求时，只有16.7%的人同意。

实际上，带少年们去动物园，也是一件费神费力的事，但是为什么第一批大学生中有高达50%的人答应了呢？因为他们先前已经拒绝过一次，这既有损自己乐于助人的形象，同时又"伤害"了求助者，于是自然愿意做一些补偿，答应求助者相对较小的其他请求。这就是留面子效应——给求助者保留一定面子。

第四章
这样说，增强说服

先提出大请求，后提出小请求

生活中亲朋好友之间借钱，经常会出现这样一幕：A 提出向 B 借 5 万块钱，但是 B 说自己最近手头紧，没那么多钱，要不借你 1 万，最终 A 拿到了 1 万元借款。这种现象之所以经常上演，就是留面子效应在起作用。

有些沟通高手为了确保自己的需求被满足，会故意先提出一些非常麻烦的要求，等被拒绝后，再退而求其次，提出自己真正的需求。

比如，某单位杨经理在周五下午 4 点多对员工说："临时有个活儿，需要大家周末来公司加个班，我们来分分工吧。"员工们一脸不满，没人表态。这时杨经理又说："我知道大家周末都有安排了，不想加班，但是没办法，公司的活儿刚派下来，这样吧，我们各自领一下任务，周末在家里花两三个小时做做。"这时员工依然不高兴，但是愿意配合了，于是工作被布置了下去。其实杨经理的真正需求，就是让大家周末在家里加班，但是如果直接提出来，员工的抗拒心理会很强，所以利用了留面子效应，"退而求其次"地实现了自己的目的。

我们向客户、同事、朋友提出请求时，如果预感会被拒绝，就可以使用留面子效应，先提出更难的请求。

同时，也要提防别有用心之人利用留面子效应"套路"你，让你付出不必要的金钱或精力。很多老好人就是不好意思拒绝别人，或者在拒绝别人后，总想补偿，做了很多费力不讨好的事。

应该选择哪种策略

你可能会有疑问：登门槛效应和留面子效应的做法完全相反，我们应该如何选择呢？何时用哪种方法？答案是看情况，也就是没有标准答案。

登门槛效应中，两个请求之间的间隔通常比较长，需要前一个小请求在对方心里像一颗种子一样生根发芽，进而会引起心理和感受的变化，之后你再提出大的请求时，就更容易被答应。

而留面子效应中，两个请求之间的间隔通常较短，前一个大请求被拒绝后，要紧接着提出小请求，让对方在还有愧疚感的情况下，及时补偿你。

登门槛效应更适用于陌生人之间，而留面子效应更适用于熟人之间。

最后提醒一点，如果一个人不够真诚，自私自利，或者提出的需求超出了别人的承受范围，那么利用再多的心理学原理，也无济于事。老祖宗早就告诫过我们：己所不欲，勿施于人。

心理账户：劝别人花钱或不乱花钱

为什么你自己买东西时，会挑性价比高的，而送别人礼物时，却要挑相对更贵重的？为什么买彩票中大奖的人，其中大多数很快就会把钱花完，回到最初的状态？为什么你在花工资收入时，会精打细算，但是在花炒股赚的钱时，却大手大脚？

诺贝尔经济学奖获得者理查德·塞勒提出的心理账户概念，可以解释以上现象。它是指，人们在心里，会不自觉地把钱划分到不同的账户，就像有一个个无形的钱包一样，每一笔钱属于哪个账户，心里的小本本都有记录。不同账户里的每一块钱虽然面值相等，但是在人心里的地位却是"不平等的"。

要平等对待自己的每一分钱

人们辛辛苦苦赚的钱，往往不会轻易花掉，但是轻而易举得来的钱，就会花得很痛快。因为两者的心理账户是不同的，前者属于工资账户，后者属于意外之财。

据统计，NBA退役的球星中，有超过一半的人最终会陷入经济困难，尽管他们退役前已经是千万富翁，甚至是亿万富翁。其中一个很大的原因，就是这些财富在他们的心理账户中被定义为意外之财。

球星大卫·哈里森职业生涯并不算特别耀眼，但他在 NBA 赚了 440 多万美元，在 CBA 也赚了一大笔钱，这些钱最终被他挥霍一空。有一天，他想给 4 岁的儿子买一份麦当劳的儿童套餐，却掏不出这个钱。这件事情让人感叹，很容易得来的钱，也会很容易失去。

国内外大多数彩票中大奖的人，一段时间后，就会花光这些钱，甚至会负债累累，又回到了最初的经济状态。他们的认知和心理账户如果不改变，这些财富就留不住。

有研究表明，人们花出去的钱因为某种原因（比如缺货）被退款后，大概率还是会把这笔钱花出去，买别的商品，因为在心理账户中，这笔钱不再是"自己口袋里的钱"，而是"已经花出去的钱"。

认识到心理账户的概念，就会了解人类对待金钱的非理性认知，当你获得奖金等意外之财时，要平等对待这些钱，它和你辛苦赚来的钱是等价值的，要一视同仁。

劝别人花钱

当你劝别人花钱时，要想办法改变对方对这笔钱的定位，从不愿意花的心理账户，转移到愿意花的心理账户。比如，脑白金的经典广告是：今年过节不收礼，收礼只收脑白金。成功地把脑白金这款保健品定位成了礼品，于是在人们的心理账户中，买脑白金花的钱，不属于"日常消费账户"，而是属于增进人际关系的"情感账户"，花起来就会更大方。

给对方要购买的东西赋予情感意义，是常用的销售话术。比如，小说《麦琪的礼物》中，贫穷的夫妻卖掉了各自的宝贝，给对方购买了一件贵重的礼物，要是买给自己，肯定舍不得，但是送给对方却是心甘情愿的，因为这代表了自己最真挚的爱。

保险代理人在销售保险产品时，也会采用类似的话术。把建立财务保障，变成对家庭的责任和守护，从而让客户把钱从消费的心理账户，转移到了爱和责任的心理账户。

还有销售会告诉你，买课学习是投资自己的成长，不是消费。消费账户里的钱花出去就没了，但是投资账户里的钱花出去，还会再回来，甚至会升值。这样的话术会让人们在知识付费时，更加主动和情愿。

劝别人不要乱花钱

当你劝别人不要乱花钱、慎重花钱时，就要引导对方把钱从愿意花的心理账户，转移到不愿意花的心理账户。比如，父母如果随意给孩子零花钱，孩子花起来就会大手大脚。但是如果父母让孩子干家务活，根据劳动量大小给相应的"报酬"，把理所当然的零花钱，变成不劳不得、多劳多得的"工资"，那么孩子在拿到钱后，花起来就会慎重很多。因为这些钱在孩子的心理账户中，位置是不同的。

芬尼克兹创始人宗毅分享过一个经历，他女儿如愿考上了美国的一所大学，按照约定，宗毅要给她买一辆车作为奖励。起初，女儿的想法是买一辆 5 万美元的奔驰车，这样开出去有面子。

宗毅为了纠正女儿的非理性消费观，给她列举了买不同新车、二手车的费用，以及养车费用、5 年后的残余价值，还进一步说明，如果用这些钱投资股市，可能获得的收益回报。最终女儿放弃了买车，而是把 5 万美元存下来，作为投资的本金。

很明显，宗毅的女儿在心里，把 5 万美元从消费账户转到了投资账户。消费时很爽，但是消费完，钱就没了，而投资账户里的钱，可以赚到更多的钱。

综上，我们要认识到心理账户的存在，提醒自己平等对待每一分钱，避免盲目消费。同时在劝别人花钱或不花钱时，可以利用转移心理账户的策略，达到劝说目的。

第五章

这样说，激励人心

强化理论：怎样奖励和惩罚

对好行为进行奖励，对坏行为进行惩罚，这是常见的奖惩方式。比如，在工作中，当员工的工作业绩出色时，会被领导表扬、奖励；反之，工作业绩差，就会被领导批评。在家庭中，当孩子表现良好时，会得到家长的表扬；反之，当孩子犯错、行为不当时，会被家长批评，甚至责骂。

还有没有其他奖惩方式呢？有！著名心理学家斯金纳对人和动物的学习进行了长期研究，他提出的强化理论对我们在奖励和惩罚方面有极大的启发。

四种奖惩方式

根据强化理论，有四种奖惩方式（见下表），分别是正奖励、负奖励、正惩罚、负惩罚。

奖惩方式	条件	行为变化	例子
正奖励	给予愉快刺激	增加	员工业绩好，得到奖金 学生考试第一名，得到夸奖
负奖励	撤销厌恶刺激	增加	犯人在服刑期间表现良好，被减刑
正惩罚	给予厌恶刺激	减少	员工上班迟到，被罚款 学生上课捣乱，被罚站
负惩罚	撤销愉快刺激	减少	团队业绩下滑，取消了年度旅游

第五章
这样说，激励人心

理解了四种不同类型的奖惩方式，我们奖励和惩罚的手段就会更加丰富灵活，而不只是单纯的"做对就奖，做错就罚"。

1. 塑造员工的行为

当管理者希望员工增加某种好行为时，除了常见的正奖励外，还可以实施负奖励，比如减少批评、取消加班、撤销通报批评、摘除"业绩落后组"称号等。

当管理者希望员工减少某种不良行为时，除了常见的正惩罚外，还可以实施负惩罚，比如减少或取消奖金，暂停某种福利等。

就像电影中常见的桥段，某个犯人在监狱里违反了规定，于是被取消亲友探访，或者减少自由活动时间。由于人有"厌恶损失"的心理，比如得到100元奖励未必很开心，但是失去已有的100元，就会很难受，所以有时负惩罚比正惩罚更有效。

某公司在组织员工培训时，实施了"红蓝贴"制度。当员工出现好行为时（比如按时上课、积极互动），奖励红贴（正奖励）；出现坏行为时（比如早退），给予蓝贴警示（正惩罚）。当蓝贴积累到一定数量时，员工就需要在培训课堂上当众被惩罚，比如做俯卧撑。但是当员工表现出特定好行为时（比如作业优秀），可以减少一张蓝贴（负奖励）。这就是综合运用不同奖惩方式的例子。

2. 塑造孩子的行为

当家长希望孩子增加某种好行为时，除了正奖励，还可以负奖励，也就是撤销厌恶刺激。比如孩子考了好成绩，可以免去一定的家务劳动。

当家长希望孩子减少某种不良行为时，除了正惩罚，还可以负惩罚，也就是撤销愉快刺激。比如，孩子暑假不写完作业，就不能出去旅游；不吃完正餐，就不能吃水果和甜点。

有时候我们对孩子的不良行为不予理睬，对孩子来说就是一种负惩罚，因为他所预期的愉快刺激（家长的关注）没有了。比如，孩子有所谓的起床气，每次都要和父母闹上半天。后来父母改变了策略，当孩子起床后莫名其妙发脾气时，父母不再理会，孩子一开始更加生气了，内心的潜台词是"我这么生气，你们居然不来安抚"。后来孩子发现没有父母的参与，自己一个人唱独角戏，没什么意思，于是起床气就渐渐消失了。

再比如，孩子不好好吃饭，家长多次沟通后无效，就不要再管了。平时不要给他吃零食，让孩子自己承担不吃饭带来的后果（肚子饿），相当于给他撤销了愉快刺激（吃饱后身体舒服），这样孩子自然就会正常吃饭。

第五章
这样说，激励人心

两点注意事项

1. 及时奖惩，给予反馈

打游戏、赌博之所以让人上瘾，原因之一就是反馈非常及时。你取得了某种结果，就会立即得到奖励，比如通关、积分、金钱；反之，如果没做到，就会立即被惩罚。

我们在实施奖励和惩罚时，也要注意及时性。比如，团队拿下一个大项目，领导者就可以立即组织一次庆功会；过程中项目进行到一定节点，领导者也要及时总结和奖励；项目完成后，要及时组织表彰和复盘。如果奖惩滞后，效果会打折扣。

教育孩子时更是如此，孩子犯了错，家长或老师要及时"惩罚"，让孩子认识到自己的错误，并且知道如何改正。比如，孩子在学校损坏了公物，家长可以让孩子用自己的零花钱给予赔偿。当然，孩子表现出好行为时，家长要及时奖励，哪怕是一句表扬，也是一种有效的愉快刺激。

2. 奖励为主，惩罚为辅

在日常环境中，面对员工、孩子等普通人，而不是士兵、囚犯等特殊群体时，要以奖励手段为主，以惩罚手段为辅。因为这更符合人性的规律，毕竟奖励更能激发人们美好的追求，而惩罚会招致抗拒和逃避。

著名教育家陶行知先生有一个用四颗糖教育学生的故事，广为流传。故事的梗概是，学校里有一个男生打了另外一个男同学，校长陶行知及时制止，让这个男生放学后到校长办公室。

男生忐忑地按时出现，陶行知却当面给了男生一颗糖，奖励他按时来到。接着又给了第二颗糖，奖励他在打架时遵从校长的制止，及时停手。然后又给了第三颗糖，奖励他为了惩罚欺负女生的男同学才动的手，说明他正直善良。此时，男生感动流泪，既羞愧又后悔，他本以为校长会责罚自己，然而并没有。男生说："校长，我错了，我不应该打同学……"陶行知笑着给了男生第四颗糖，奖励他知错就改，态度端正。

试想，如果陶行知先生严厉地批评、责罚这个男生，他当然会认识到自己的错误，并且可能就此改正。但是这样的教育是强权压制，而不是悉心感化，男生或许口服但心不服，甚至对被打的男同学、对校长都会怀有敌意。

当然，适当的惩罚也是需要的。研究表明，奖励为主、惩罚为辅这种奖惩结合的方式，比纯粹奖励和纯粹惩罚的效果都要好。

总之，强化理论可以让我们认识到奖惩方式的多样性，让奖励和惩罚更好地发挥作用。

德西效应：奖励有时是一种伤害

家长奖励孩子，老板奖励员工，本来是一件初心很好的事，希望调动奖励对象更大的积极性，但有时候却会起到适得其反的作用。这是为什么呢？德西效应能帮助我们理解背后的原因。

什么是德西效应

心理学家德西做过一个著名的实验，他让大学生做被试，在实验室里解智力难题。实验分三个阶段，第一阶段，所有的被试都没有奖励；第二阶段，将被试随机分为两组，实验组完成一个难题，可得到1美元奖励，而控制组跟第一阶段相同，没有奖励；第三阶段为休息时间，被试自由活动，同时研究者在暗中观察他们是否愿意继续解题。

实验组被试（有奖励）在第二阶段确实十分努力，但在第三阶段继续解题的人很少，表明兴趣与努力的程度在减弱。而控制组被试（无奖励）有更多人在第三阶段继续解题，表明兴趣与努力的程度在保持或增强。

这个实验表明，不恰当的奖励反而会降低人的内在动机，让人们减少或失去对事情本身的兴趣。这就是德西效应。

我有一门课是教职场人公开演讲，课程口碑良好。为了招到更多学员，我邀请老学员帮忙推荐新人参加，而且给予一定现金奖励，但是这个措施反而让老学员在转发课程信息时有心理负担。

如果没有奖励，他们的动机纯粹是认可老师和课程，把好课程推荐给身边有需要的朋友。但是如果有奖励，他们会纠结自己的动机是不是变成了赚钱，朋友知道后会怎么想，最终反而不转发、不推荐。而且奖励金额越大，他们的顾虑也会越大。这就是德西效应发挥作用的典型例子。

怎样规避德西效应带来的弊端

我们在现实中，要规避德西效应带来的弊端，可以从以下几方面做起：

1.激发自驱力，而不是靠外在奖励推动对方

很多事本来就是当事人应该做的，不需要特别的额外奖励，比如学生好好学习，员工完成本职工作。但是一些家长会对孩子说："这次考试如果得了第一名，我给你买一个你最喜欢的变形金刚玩具""这次钢琴考级通过后，我带你去迪士尼乐园"。殊不知，这些奖励反而会降低甚至扼杀孩子对学习或钢琴本身的兴趣。

家长当然可以给孩子买玩具，带孩子出去旅游，但是不能以

第五章
这样说，激励人心

此为交换条件来奖励孩子。否则孩子的动机和认知，就会逐渐从"我喜欢学习，学习让我成长"，转变成"我努力学习，是为了获得父母的奖励""学习是枯燥的、痛苦的，只有玩耍才是快乐的"。

家长可以通过言行来引导孩子关注事情本身的兴趣。比如，让孩子把学到的数学知识用到现实生活中，计算一下家庭每个月的开支；用学到的语文写作技巧，写一封信给远方的外公外婆、爷爷奶奶。这样孩子就会明白学习本身是有用的，而不是为了应付父母和老师，也不是为了获得某种奖励。

2. 当事人起初缺乏兴趣时，可以适当给予奖励，产生兴趣后，应停止奖励

最初给予奖励，是为了引导对方"上钩"，让他接触和了解一件新事物。随着深入参与，对方可能会产生兴趣，激发挑战欲，获得成长。这时就不要再给外部奖励了，而应让他专注在事物本身的兴趣上。

比如，你希望孩子学习足球，强身健体，同时培养团队协作的意识，但是孩子不想参加足球兴趣班。你可以对孩子说："你去体验一次，妈妈晚上带你吃大餐。"孩子在你的"威逼利诱"下去了，他一定会产生某些感受，这时你可以引导孩子关注积极的一面，比如踢球时跑动的快乐，进球的那一刻是多么激情豪

迈。随着孩子越来越喜欢踢足球，你就要减少或停止奖励。

我们在培养一个爱好时（例如跑步），开始可以给自己一些奖励，比如跑步后吃一点美食，跑步达到一定量以后，给自己买一个礼物。但是随着跑的越来越多，就要把注意力逐步转移到跑步本身的好处和乐趣上，比如身体更健康了，跑步时欣赏路边的风景，感受微风吹过身体时的凉爽，甚至可以在跑步时进入心流状态。

发现事物内在的乐趣，会让我们产生自驱力，毫不费力、非常享受地做着其他人看来很痛苦的事，比如演讲、写作、撸铁、跑马拉松。

3. 和物质奖励相比，要更重视精神奖励

物质奖励是必要的，但是物质奖励不可能无限增加，因为人的物质欲望会无限膨胀，只要稍不满意，就会降低动力。精神奖励能够激发人的内心追求卓越、积极向善的一面，让人愿意在一件事上持续努力，这种激励效果也是更持久的。

有这样一个例子：三组高中生去做慈善募捐，第一组什么报酬也没有，第二组可以拿到募集金额的 1% 作为报酬，第三组可以拿到募集金额的 10% 作为报酬。这些学生的募捐技能大致相同，他们募集到的钱款数量代表着他们的努力程度。猜猜看，三组学生当中，哪组募集到的钱最多呢？答案是第一组。

第五章
这样说，激励人心

第一组学生募集到的钱，比第二组高出55%，比第三组高出9%。很显然，金钱激励反而损害了学生们的积极性。更严重的是，如果再举行第二次募捐活动，这次三组学生都没有任何报酬，后面两组学生的积极性仍然无法赶上第一组的水平。也就是说，金钱激励对道德规范的排挤效应几乎是不可逆的。

很多老板想不明白，给员工的工资和奖金已经够高了，但员工还是不满意，甚至跳槽离职。德西效应能解释其中一部分原因：物质奖励只能激发员工对工作的部分动力，员工更多的自驱力来自对工作本身的热爱、对公司事业的认同，如果后者没有实现，再高的奖金也激发不了员工最大的积极性和忠诚感。

反观一些初创公司，员工的收入一般，但是干劲十足，因为他们有自驱力和使命感。就像阿里巴巴创办初期，马云带着"十八罗汉"在家里办公，困难时工资都发不出，但是员工依然相信未来。

家长和老师在奖励孩子时，要更重视口头表扬、荣誉证书等精神奖励，不能动不动就给孩子金钱奖励、昂贵的礼物，这会让孩子的物质欲望越来越大，逐渐失去最宝贵的自驱力。

总之，根据德西效应，我们在奖励别人时，要思考一下：这是否有利于激发对方的内在动机，是否有利于让对方对事物本身更有兴趣。如果不能，我们要换别的奖励方式，或者干脆不要奖励。

需要层次理论：有效激励员工

有人说：员工离职，原因要么是钱没给够，要么是受委屈了。根据这个说法，要给员工足够的薪资待遇和心理满足，才能让他们好好工作。这是比较粗略的概括。

那么在具体操作上，领导者应该如何激励员工？我们可以从心理学的需要理论中获得一些启发。人有某种需要时，才会产生动机和动力，比如肚子饿了就会找食物吃。而在已经满足的需要上激励员工，往往是无效的，只有在未被满足的需要上进行激励，才有效果。

需要理论是什么

1943年，心理学家亚伯拉罕·马斯洛提出了著名的需求层次理论，人的需要从低到高包括五个层级（见下图），分别是：生理需求、安全需求、归属和爱的需求、尊重需求、自我实现。

后来，心理学家克雷顿·奥尔德弗在马斯洛需求层次理论的基础上，提出了人的三种核心需要，分别是生存（existence）、关系（relatedness）、成长（growth），被称为ERG理论。其中，生存需要大致对应马斯洛需求层次理论中的生理需求和安全需求，关系需要大致对应归属和爱的需求、尊重需求，成长需要大致对应自我实现。

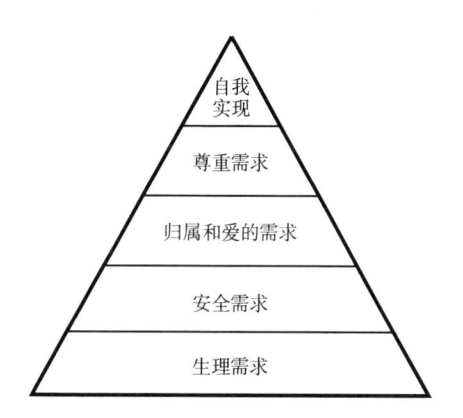

```
        /\
       /自我\
      /实现  \
     /--------\
    / 尊重需求 \
   /------------\
  / 归属和爱的需求 \
 /------------------\
/     安全需求       \
/----------------------\
/      生理需求          \
--------------------------
```

ERG 理论对需要的分类更加简明，而马斯洛需求层次理论更加细致，本文主要以后者为基础展开解读。

从宏观视角看，人类文明的发展遵循了马斯洛需求层次的顺序。原始社会的人主要追求生理需求，吃饱肚子，繁衍后代。到了奴隶社会，人类产生了不同的阶级，部落之间的大规模战争爆发，因此人除了生理需求，还有安全需求，希望自己的生命和财产有保障。

封建社会，文明进一步发展，在和平年代里，人们的生理和安全需求被满足，就会进一步追求更高层次的需求，比如在家族中获得归属和爱，在社会上互相尊重，礼尚往来；也有一部分士大夫读书识字，考取功名，希望齐家治国平天下，追求自我实现。如今我们身处更加文明发达的现代社会，大部分中国人都能实现多种低层次需求，从而有机会追求更高层次的人生价值，完成自我实现。

从微观的个体角度看，一个人的人生发展也基本满足马斯洛需求层次的顺序。在长期的工作和生活中，首先满足温饱等生理需求，然后追求人身和财产安全、社会保障等安全需求，在家庭中获得爱和归属感，在工作中获得报酬和尊重，当这些低层次的需求被满足后，就会思考人生的价值和意义，追求更高的自我实现。

如何有效激励员工

组织中的领导者在激励员工时，需要考虑员工的哪些需要已经被满足，哪些需要还没有被满足，从而确定激励的方向和角度。下面我们剖析三种不同的激励类型：

1. 满足生存需要（生理需求和安全需求）

每个员工都需要生存，尤其是那些刚进入职场的寒门青年，以及经济负担比较重的中年人。领导者可以跟这些员工谈情怀、讲愿景，但更重要的是提供足够的薪资待遇，让员工有基本的安全感。那些空谈美好未来、不提当下薪资的老板，就是在"画大

第五章
这样说，激励人心

饼"。员工"吃不饱"，当然就没有工作的动力。

还有一类员工，他们工作仅仅是为了满足生存需要，获得一份收入，不期望在组织中获得归属和成长。就像深圳三和人力市场的打工者"三和大神"，他们抱着玩世不恭、得过且过的态度，只做日结工作，干一天，玩三天，吃着廉价的面条，在网吧过夜。

"三和大神"是一种极端，但是社会上确实有一些人对工作没有过高的期待和追求，只求获得一份工资。他们或许在其他领域有归属、尊重、成长需求，但是在工作单位里不求这些。对于这样的员工，领导者激励的手段就只有从进一步满足生存需要入手，比如提供安全的工作环境、提高工资待遇、配备保险等。

2. 满足关系需要（归属和爱的需求，尊重需求）

在生存需要被满足后，多数员工都会追求关系需要，也就是在组织中获得归属感，得到尊重。本文开头说的员工离职原因之一——受委屈了，就是关系需要没有被满足。

有些员工不求上进，没有自我实现的需要。即使领导者希望他提升能力，获得成长，甚至给他各种锻炼的机会，依然无效，他们只想用自己已有的技能做好眼下的工作。领导者对这类员工的有效激励手段，那就是满足其关系需要。

比如，常见的方法是：建立公平竞争的晋升体系，任人唯贤；组织团建，增强团队的凝聚力；部门聚餐，让大家在互动中沟通感情；开展年会、表彰大会、党工团活动、趣味运动会等。

罗莱家纺有一批仓库拣货小哥，负责在仓库里走路、挑货，工作非常枯燥。因此仓库拣货队伍很不稳定，离职率特别高，一度接近30%。公司为了解决这个问题，出台了"幸福感连接"措施，让这些身处后台的拣货小哥，直接触达前端的消费者。

当消费者在电商平台下单后，程序就会询问消费者：需不需要连线拣货小哥，看他现场帮你拣货？如果消费者点同意，仓库的拣货小哥就立即头戴摄像头，手持盘点枪，走进仓库现场，一边拣货，一边通过直播与消费者交流，同时还会向客户推荐关联商品。

这种方式给拣货小哥的工作带来了一些乐趣，他们不再一直面对着冷冰冰的货品，而是和客户建立了直接联系。以前小哥们休息时往往抱怨拣货有多累，而如今他们聊的是"今天你跟几个人聊天了"这样的话题。这个措施提升了拣货小哥的工作价值感，满足了他们的关系需要、尊重需要，因此离职率大幅下降。

3. 满足成长需要（自我实现）

据马斯洛估计，自我实现者大约只占人口的1%，他们能超越任何特定文化的限制，使得自己的人格得以充分发展，这是从结果来看。从过程来看，希望自我实现的人（虽然可能并没达成）肯定要高于1%。

第五章
这样说，激励人心

我们在学生时代都有体会，哪怕所在的学校、班级学习氛围再差，总有那么几个同学"出淤泥而不染"，他们愿意努力学习，最终取得了良好的结果。

在职场中，总有一些员工是渴望成长的，他们希望突破自己，不断进步，实现自我价值。领导者激励这类员工，就要满足其成长需要，比如提供有挑战的任务，规划其职业生涯，让员工和企业共同成长。

海尔集团的创始人张瑞敏曾说："很多大企业的问题就是没有解放人性，把人看成一个个执行者，一个个螺丝钉。你怎么知道他一定当螺丝钉呢？他怎么不可以自己去成为一台机器呢？"为了鼓励创新，海尔公司甚至用员工的名字，来命名他们创造的成果，比如"晓玲扳手""方燕镜子""秀凤卡座"。试想，当这些名称出现在公司手册、生产车间时，这些员工是何等自豪！同时，其他员工也会被深深地激励到。

如今身处VUCA时代❶，每个人都需要终身学习、不断成长，这已经是全民共识。我们要摒弃过去"铁饭碗"的观念，只花两三年学习和掌握一个技能，而后几十年就不断重复，直到退休。自我实现，发挥人生价值，这是时代赋予我们的机会，也是要求。

---

❶ 四个英文单词的首字母缩写，分别是volatile（不稳定）、uncertain（不确定）、complex（复杂）、ambiguous（模糊）。

总之，不同人可能有不同的需求，领导者在激励员工时，要考虑他们处在马斯洛需求层次中的哪个阶段，从而采取针对性的措施，实现有效激励的作用。

损失厌恶：损失比收益对人影响更大

如果一个人的工资提升了10%，不一定会多么高兴，但如果工资降低了10%，会非常不爽。一般散户炒股时，赚钱时会及时落袋为安，但是亏钱时却很难忍痛割肉。以上现象背后的一个重要原因就是损失厌恶。

什么是损失厌恶

损失厌恶是指面对同样数量的收益和损失时，损失会让人更难受。损失厌恶是心理学对行为经济学领域贡献的一个重要知识。比如，你在微信群抢红包得了100元，快乐程度可能是两三分，但如果被罚发100元红包，难受程度就是六七分。

心理学家、行为经济学家丹尼尔·卡尼曼曾经设计了一个抛硬币的实验：如果你抛出正面，将会获得150美元奖励，如果抛出背面，将会输掉100美元。实验结果是，大多数人拒绝参与这个赌局。因为虽然潜在的收益比损失更多一点，但是损失100美元的痛苦，要远大于得到150美元的快乐。那么抛出正面的奖励金额达到多少后，人们才愿意参与呢？答案是200美元。

损失厌恶可以解释哪些现象

1. 对失去的事物非常在意，对已有的事物缺少感觉

比如，典型的赌徒心理是：赢钱后满不在乎，继续赌博，挥金如土；输钱后拼命想捞回来，卖房卖车都在所不惜，谁都拦不住。可见人性对损失的厌恶程度有多深。

再比如，公司以往逢年过节都会给员工发放福利，员工觉得这是理所当然。但是某一年经营遇到困难，财务状况不佳，没发福利，就会引起员工的极大不满。

一个男生追求爱慕的女生，天天发一个笑话，逗女生开心，女生都不予理睬。但有两天男生突然不发了，女生就会感觉异样，心中出现一点波澜，甚至开始期待男生发笑话。

2. 对潜在的"损失"也会很在意

已有的损失会让人们难受，这可以理解，但是未来潜在的损失也会让人心痒痒，这就是一种隐性的损失厌恶。

精明的商家深谙其道，促销时会利用人们的这一心理。比如："双十一"大优惠，所有商品五折价，买的越多，省的越多，错过等一年！消费者的心理过程是：我现在如果不买，以后再买，就要按更高的价格，那就亏大了，这种"损失"我不能有，现在赶紧下单！或者是：原价是1000元，现在是500元，

第五章
这样说，激励人心

优惠 500 元的好事我不能错过，错过就是我的"损失"，我讨厌损失！

怎样利用损失厌恶的心理

我们理解这种心理后，就可以顺势而为，做一些能创造价值、利人利己的事。我列举几个例子供参考，更多的实践需要读者自己去探索。

1. 把奖励改成退还"损失"

同样发一笔钱，可以是奖励，也可以是退还"损失"——这笔钱本来就是你的，我只是退还给你。奖励带来的动力，不如退还"损失"带来的动力大。

新加坡有一家出租车公司，员工（开车的司机）长时间久坐，患慢性病的风险很高。公司为了降低用工风险，就鼓励员工多运动，并且每月给运动量达标的司机奖励 100 美元，这种激励的效果一般。

后来在专家的建议下，公司把给 100 美元的说法改成了"退还租金"，激励效果大为改观。因为司机每天需要向出租车公司交 100 美元租金，这相当于司机的损失，他们很厌恶这笔支出。现在只要多运动，就能把一天的损失要回来，于是司机们更有运动的动力了。

我作为培训师，定期开办演讲训练营，其中包括 21 天线上作业练习，全勤完成的学员可以获得 100 元。初期的说法是"奖励 100 元"，后来改成了"退还 100 元学费"，后者的激励效果比前者更高。这也是利用了损失厌恶的心理。

2. 把奖励从事后移到事先

如果完成一定任务，就给一笔奖励，这是常见的做法。根据损失厌恶，我们可以采取效果更好的做法：开始就给奖励，如果之后完成了任务，奖励才正式属于你，如果任务没完成，奖励就需要退回来。

有一家工厂做过实验，给每周超额完成产量目标的工人发 80 元奖金。他们把工人分成两组，第一组是事后发，每周结束后，根据目标完成情况发放奖金；第二组是事先发，每周一工人就拿到 80 元，但如果当周的产量目标没达成，奖金就会从工资里扣除。

结果是，第二组的产量明显高于第一组。这是因为从口袋里拿出 80 元的痛苦程度，要远大于拿到 80 元的快乐程度。相比较获得额外的奖励，损失已有的东西对人的影响更大。

再比如，家长希望孩子达成一个目标，可以先把奖金（或其他奖品）给他。如果最终目标达成，奖金才正式生效；如果目标没达成，那么奖金就要收回。这会让孩子更有动力完成目标。

3. 及时止损

我们已经知道了厌恶损失是人的普遍心理，它在某些方面会保护我们，但在某些方面也会导致非理性的行为，造成更大的损失。

比如，在股票市场不肯"割肉"，眼睁睁看着股价跌落。再比如，在家里摆放多年不使用、又不舍得扔的物品，占据了宝贵的空间，搬家时还要费力收拾。

最让人纠结的，莫过于一段亲密关系，已经相处多年，知道对方不适合自己，却又不舍得放弃。损失厌恶是天性，但是也要理性考量，才能规避更大的损失。

人首先学会避害，才会追求趋利，因为趋利是锦上添花，而避害则关乎生存。因此在同等条件下，避害对人的影响更大，我们可以利用这一点影响他人，同时自己也要避免掉入非理性的损失厌恶陷阱中。

消极偏见：唤起恐惧比激发美好更有效

俗话说：好事不出门，坏事传千里。负面消息对人的吸引力要远大于正面消息，所以在媒体报道中，丑闻、事故、犯罪、战争等负面新闻更吸引读者和观众。

当我们回忆往事的时候，更容易想起那些不愉快的经历；当我们遥想未来时，更容易担心潜在的隐患。这些现象都可以用消极偏见来解释。

什么是消极偏见

人类进化有一个特点，就是倾向于关注潜在的坏事，而不是好事。这种倾向被称为消极偏见。

心理学家让实验参与者快速浏览一些图片，结果那些愤怒的脸、蛇、蜘蛛等图片更容易被发现和记住。

这是因为在人类漫长的进化史上，有毒的蛇、蜘蛛等动物是极其危险的，一旦有人疏忽大意，被它们叮咬，可能就有生命危险，所以人类进化出了对危险、恐怖的高度敏感性。原始人在野外打猎，可以不去留意美丽的风景，但是必须要警惕身边的风吹草动，随时注意猛兽的袭击。

时至今日，人类在城市和农村生活，人身财产安全已经得到了保障，但人对坏事的警戒心依然没有变。相比好消息，坏消息更能引起人们的注意，因为好消息如果注意不到，结果最多是得不到好处，少一点快乐。而坏消息如果被忽视，后果则很严重，轻则损失财物，重则面临生命危险，这也是谣言会快速传播的原因。

消极偏见可以解释哪些现象

1.人们更容易记住负面事件

比如，过去父母或老师对你有过大量的关心、帮助，你可能不记得了，但是他们的一次批评、责骂，你会记忆犹新，甚至一辈子都忘不了。

再比如，我们的身体大多数时间都是正常的、健康的，你可能注意不到，而一次小小的生病、皮肤受伤，则会让你十分难受，时刻关注某些身体部位。

同样道理，社会的正常运转、好人好事，容易被忽视，而违法犯罪、严重事故则会吸引人们的注意，让人感觉到危险和担忧。所以，自古以来，每个历史阶段人们都会感叹世风日下、生活不易，哪怕他们处在太平盛世。

实际上，客观数据表明，世界在整体上越来越好，人类变得更健康、更富有、更有知识、更安全。著名学者史蒂芬·平克在他的书籍《当下的启蒙》中有翔实的说明，比如人类的平均寿命在 200 年前是 29 岁，100 年前是 40 岁，如今是 71.4 岁；200 年前，世界上有 80% 的人没上过学，如今超过 80% 的人都至少接受过基础教育。

2. 消极事件比积极事件更有力量

比如，历史上善于煽动群众的领导者，总是强调当时面临的内部困难和外部挑战，引起人们的恐慌或愤怒情绪。

消极反馈比积极反馈对人的情绪影响更大，你对别人的一句消极用语带来的负面影响，需要用 5 句积极用语才能抵消。

坏消息比好消息更容易被分享、被记住，唤起恐惧比激发美好更能促使人们行动。

学者班克斯和萨洛维做过一个实验，让没有做过乳腺 X 光检查的 40～66 岁妇女，观看关于乳腺 X 光检查的录像，其中一些人接受的是美好信息，也就是强调做乳腺 X 光检查，能及早发现疾病、挽救性命，结果这些人当中有一半在 12 个月内去做了检查。而另一些人接受的是恐惧信息，强调不做乳腺 X 光检查，会使人付出生命的代价，结果有三分之二的人在 12 个月内去做了乳腺 X 光检查。

第五章
这样说,激励人心

在表达时怎样利用消极偏见

1. 增加积极用语,不如减少消极用语

我们在和家人、朋友相处时,都希望增进彼此的关系,但有时候会忍不住说一些伤人的话。由此造成的消极影响是很难彻底消除的,甚至会永远铭刻在对方的记忆中。就像用刀尖在桌子上留下一道划痕,事后再怎么处理,都难以恢复如初。

俗话说:良言一句三冬暖,恶语伤人六月寒。在亲密关系中,即使做不到经常好言好语,至少要避免恶语相向。夫妻之间、父母子女之间吵架,一番争执后,或许会重归于好,但是心里会有放不下的芥蒂,事后会时常想起对方说过的狠话,甚至梦里都会浮现。

2. 劝说他人时,激发美好,不如唤起恐惧

劝说他人做一件事,比如学习、运动、戒烟,一方面我们可以说明做这件事带来的好处,也就是激发美好;另一方面我们可以说明不做这件事导致的坏处,也就是唤起恐惧。很多情况下,唤起恐惧比激发美好效果更佳。

比如,广告语"想健康,喝王老吉",就不如"怕上火,喝王老吉"。宣传语"选对楼层,空气更好",就不如"选不对楼层,你就吸雾霾"。

劝一个人多运动，给他讲运动的好处，例如让人更健康、身材更好、朋友更多，对方觉得挺好，但是可能感触不深。但如果跟对方讲不运动、久坐的危害，例如研究表明每天久坐 8 小时不运动的人，中风风险比每天运动至少 10 分钟且不久坐的人要高出 7 倍，这种唤起恐惧的信息会让对方印象更深刻，更有可能行动。

有两篇著名的文言文《邹忌讽齐王纳谏》《触龙说赵太后》，都是通过唤起恐惧达到劝说的目的。其中邹忌劝齐威王，唤起的恐惧是"王之蔽甚矣"，也就是大王被蒙蔽得很严重，因此需要广开言路。触龙劝赵太后，唤起的恐惧是"此其近者祸及身，远者及其子孙"，意思是赵太后溺爱儿子，只会给他带来祸患，因此不要担心儿子受苦受累。

总结一下，消极偏见启示我们，人们更容易记住负面信息，因此我们在和亲友交流时，要警惕自己的消极用语。唤起恐惧往往比激发美好更能促使对方行动，我们在劝说他人时，要灵活使用这一技巧。

第五章
这样说，激励人心

具身认知：从身体姿势中获得力量

我们在谈判、演讲、聊天等各种场合，如果能坐直或站直，打开身体，昂首挺胸，这时就会更自信，更有力量。我们开心的时候会笑，反过来刻意笑一笑，也会开心一点。这背后都有科学依据，就是具身认知。

什么是具身认知

过去人们认为认知是单独存在的，头脑中的认知会决定我们的身体行为。但是认知心理学中的具身认知理论告诉我们：认知和身体是密不可分的，身体也会影响心理、塑造认知。

心理学家做过这样一个实验：研究者招募了一群大学生，邀请他们参与一个"人类功效学"实验（其实是个幌子），要求一部分大学生做出低头、耸肩、弯腰等低能量姿势，另一部分大学生做出昂首挺胸、腰背挺直等高能量姿势，接下来他们都完成一项复杂的任务（还是幌子）。

然后研究者告诉他们，研究顺利完成，可以领取报酬了，最后需要填写一份问卷（这才是实验的真正目的），评价此刻的心情如何，是否为顺利完成任务感到骄傲。结果是，做出低能量姿势的大学生自我评价的平均分是 3.25，而做出高能量姿势的大学生平均分是 5.58，远远高出前者。这说明人的情绪和心情受到身体动作的影响。

还有一个实验，心理学家把受试者请到实验室，给他们看一些卡通图片，并让他们对图片的好笑程度进行打分。受试者被随机分成两组：一组用嘴唇含住一支笔，不能让笔碰到牙齿；另一组用牙齿咬住这支笔，不能让嘴唇碰到这支笔。很显然，不论是用嘴唇含住笔，还是用牙齿咬住笔，与卡通图片是否好笑没有任何关系。

但实验结果表明，那些用牙齿咬住笔的人，会认为这些卡通图片更好笑；而那些用嘴唇含住笔的人，会认为这些卡通图片缺乏笑点。用嘴唇含住一支笔，表情是嘟着嘴的"生气状"，而用牙齿咬住笔，表情是微笑的"开心状"。这个实验表明，当人做出微笑的动作时，就会真的开心起来；反之，当做出不开心的动作时，就会真的不开心，对事物的认知和判断也会发生改变。

如何调整身体，让自己更有力量

根据具身认知理论，我们可以通过调整身体动作和姿势，让自己的内心更有力量。如果你希望自信一点，就要做出自信的样子来；如果你希望自己更有力量，就要做出有力量的动作。

比如，在谈判桌上，如果你遇到阻力、缺乏底气，为了获取

第五章
这样说，激励人心

更多能量，就要尽量打开自己的身体姿势，后背挺直，甚至靠在椅背上，打开双手做手势，双腿自然分开，均匀有力地放在地上，表情自然、放松。这种"假装自信、假装放松"的姿态，会让你真的获得力量，自信起来。

绝大部分人登台演讲时，都会紧张、怯场，我们在上台前可以深呼吸，放松身心。另外，要尽量伸展自己的身体，做出自信有力的动作，比如做做扩胸运动，两手叉腰，双腿分开，霸气地站立。上台演讲时，即使紧张，也要笔直站立，昂首挺胸，切忌含胸驼背、畏畏缩缩。人会因为自信而做出有力量的动作，反之也成立，当人做出有力量的动作时，就会变得自信。

社恐的人在社交场合要想更淡定、更放松，平时就要注意自己的身姿，走路时要挺直腰板，目视前方，而不是驼着背低头走路，还可以经常健身（比如跑步），让自己的身体更有力量。参加社交活动时，要穿干练整洁甚至相对正式的衣服，当你有一个良好的形象时，自然就会更有勇气和信心。最重要的是，要做出高能量的姿势，哪怕"装腔作势"，这种身体动作也会影响一个人的认知和心理，帮助自己逐渐摆脱社交恐惧的心态。

俗话说：人生如戏，贵在演技。从具身认知的角度看，这句话还真有几分道理，当你表演出什么样子时，你就真的会是什么样的人。

行为激活疗法：改变想法，改善心情

生活中经常遇到这样的场景：你苦口婆心劝一个人改变想法，本质上是为了他好，但是对方就是不为所动；家人或朋友心情不好，你希望帮他走出阴霾，心情变好，但是无论怎么说都无济于事。

同时，有些情况下，你希望自己改变想法、改善心情，比如积极一点、行动起来，但就是做不到。心理治疗中的行为激活疗法，能提供解决问题的思路。

什么是行为激活疗法

现代心理咨询和治疗中，有一种主流的治疗方法就是认知行为疗法，通过帮助当事人改变认知和行为，来解决其心理问题。其中的认知部分被称为认知疗法，行为部分被称为行为激活疗法。

一个人身上同时存在三个要素：认知（相对理性）、情绪（相对感性）、行为（外显动作）。为了更好地结合现实生活，我们用"想法"一词代替认知，用"心情"一词代替情绪。

我们通常认为，有什么想法，就会有什么行为和心情。但其实这三个要素会互相影响（如下图所示），某种心情下会产生相

第五章
这样说，激励人心

应的想法和行为，比如人在心情不佳时，想法会比较悲观、消极，行为不够主动。某种行为也会影响人的心情和想法，比如人在运动时大汗淋漓，心情会随之舒畅，想法也会变得积极。

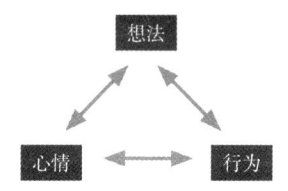

```
        想法
       ↗  ↘
      ↙    ↘
   心情 ←——→ 行为
```

所以，行为激活疗法的思路就是：既然想法、心情、行为是互相紧密相连的，改变其中一项，就能影响其他两项，那么就从最外显的行为着手，帮助一个人改变想法，改善心情。换句话说，不管你的想法和心情如何，只要你按照我说的去做了，你的心理问题就能解决。

华盛顿大学曾经做过一个研究：把150名抑郁症患者随机分为三组，第一组采取行为激活疗法，第二组采取相同的行为激活疗法，加部分认知疗法，第三组采取相同的行为激活疗法，加完全的认知疗法，也就是认知行为疗法。

结果，在之后两年的持续治疗中，三个组的治疗效果没有差异。是的，你没看错，没有差异！后来，这项研究继续对比了行为激活疗法、认知疗法、药物疗法，结果发现三者的治疗效果还是差不多。

这充分证明了行为激活疗法的巨大作用，行为确确实实能导致想法和心情的改变。反过来，当人有一种想法，但是没有付诸行动，那么这种想法在本质上也无效。

比如，一些朋友希望多学习，多运动，但只是想想，很少或从不行动，那么这种想法对他们就没有任何作用，心情也不会随之改变。正所谓"知道了很多道理，但还是过不好这一生"。

王阳明说：未有知而不行者，知而不行，只是未知。有想法，但是不行动，其实等于没想法、不知道。一个真正知道、有想法的人，是会付诸行动的，也就是知行合一。

怎样改变想法，改善心情

1. 想不通时，改变行为

如果能改变想法，进而改变心情和行为，当然是好的，但很多时候我们做不到。所以，与其钻牛角尖，陷入思维的死胡同，让自己痛苦不堪，不如行动起来，做一些事情，进而影响想法，改变思维。

2024年春晚，有一个相声节目是《导演的"心事"》，故事的情节是：一位演员收到导演发来的一条信息，只写着两个字"在吗"，这位演员开始思索导演带来的是好消息还是坏消息，自

第五章
这样说，激励人心

己该怎么应对，陷入了胡乱猜测、过度内耗的糟糕状态。

其实，该演员要解决问题，最应该做的不是梳理各种想法，而是行动起来，直接和导演沟通。后来，演员下决心给导演打了一个电话，发现原来导演只是希望他帮忙带一杯咖啡，仅此而已。

你可能会嘲笑这位演员，但很多人在生活中会不自觉地陷入类似的模式。比如：加班写方案，但是遇到瓶颈，写不下去了，陷入了苦恼之中。和家人闹矛盾，认为家人不讲道理，无法沟通，于是就进入冷战状态。认为自己很差劲，好像什么都做不好，一无是处。

此时，只靠自己主观努力地"想"，已经没用了，要"做"一些新的尝试，行动起来。比如，前文的例子中，写方案遇到瓶颈，可以去请教他人，也可以问问 AI 语言大模型。和家人闹矛盾，可以开诚布公地深聊一次，也可以和家人一起去找专家咨询。认为自己一无是处，可以在家里做一次大扫除，也可以去运动，完成一个力所能及的小挑战，慢慢找回能量。

总之，一定要动起来。想不通时，最常见的做法就是去户外走走，运动一下。也可以去其他地方旅行，比如有些人去了青藏高原，发现在辽阔壮美的大自然面前，自己的那点烦恼根本不算什么；有些人去偏远山区做支教老师，在淳朴的孩子们身上找到了自己的人生价值。

2.心情糟糕时，改变行为

行为激活疗法有十个核心原则，第一个就是：改变情绪体验的关键是改变行为方式。改变内隐的心情比较难，但是改变外显的行为却很简单。

当我们心情糟糕时，不管是郁闷、焦虑、悲伤、愤怒，都可以做一些简单、容易的事情，来改善自己的心情。心理学的研究已表明，人的身心是合一的，身体压力和心理压力会互相转化，缓解身体压力就会缓解心理压力。

为了缓解当下的负面情绪，我们可以做自己喜欢的运动，比如跑步、游泳、打球，也可以听听音乐，唱唱歌，看一部电影，吃一顿美食，和朋友通电话、聚会，参加一个有趣的活动，等等。尽量做那些能立竿见影获得正反馈的小事，比如跑步1公里，整理一下衣柜，看完一部高分电影，去楼下扔垃圾，去户外遛狗。这会让我们获得对自己、对生活的掌控感，逐步恢复信心和能量。

为了让心情保持长期的积极、正向，我们需要做一些有挑战的事来获得成长和进步。比如，培养一个爱好，如钓鱼、养多肉、打太极，在一个领域从一无所知到入门，再到精通，这会让我们形成规律性的生活节奏，不断地从中获得正反馈和愉悦的情绪。

再比如,制订一个目标,然后努力实现它。像我写书,每周、每月都要付出时间和精力,每写完一篇文章,都会获得满满的成就感,每向前迈进一步,都会感到精神振奋。最终书稿完成,出版发行后,会带来更多、更好的积极情绪。

作为一个演讲培训师,我经常告诫学员,当面临一场重要的演讲时,紧张、恐惧是很正常的,此时改变负面心情、情绪、感受的唯一方法,就是行动起来。充分准备演讲,比如找演讲教练辅导,打磨演讲稿,反复演练,去现场彩排。这一系列动作下来,演讲者即使还会紧张,也已经有了足够的底气和信心。

3. 行动就是一切

你也看到了,无论帮助他人还是自己,改变行为、行动起来是最直接有效的方式。行动就是一切,想100遍道理,不如真实做一次。

行为激活治疗的十个核心原则中,提到最多的就是行动。比如:按照计划而不是情绪来组织和安排活动;从小处着手,改变更容易;强调行为的自然强化;不要光说不做;扫除行为激活的一切可能的和实际的障碍。

你可能会说:道理我都懂,但我就是动不起来,怎么办?我的建议是:循序渐进,从微习惯开始,迈出去一小步。不要让自己产生畏难心理，害怕、不想做的时候，就降低难度，直至简单容易到自己不可能完不成。比如想跑步，开始不要制订跑马拉松的目标，就先从散步、慢跑开始。如果不想出门，连散步也做不到，就从在家里来回踱步开始，先在房间里走 5 分钟。

古人说：天下事有难易乎？不为，则易者亦难矣；为之，则难者亦易矣。不做，就难；做了，就容易。自古以来，始终如此。

综上，当我们改变想法和心情受阻时，不要忘记还能改变行为，行动起来。或许，我们首先应该做的就是改变行为，不管想法和心情如何，先做起来再说。

第六章

这样说，利于亲子沟通

罗森塔尔效应：鼓励真的会让人变好

我们知道，父母和老师对孩子的鼓励非常重要，一句无意间的夸奖甚至会影响孩子的一生。在鼓励的作用下，一个充满爱和欣赏的家庭会更幸福美满，一个彼此支持和认可的公司会蒸蒸日上。

那么，为什么鼓励对人如此重要？为什么鼓励真的会让人变好？罗森塔尔效应（也叫皮格马利翁效应）可以解释背后的原理。

什么是罗森塔尔效应

美国心理学家罗森塔尔做过一个实验，他对一所小学的学生做了一份智力测验，号称挑选出其中最优秀的20%的学生，把名单交给了校方，并且要求这份名单向学生保密。

尽管老师们对其中一些名字感到意外，但还是相信了罗森塔尔这位专家。老师们不知道的是，这份名单其实是罗森塔尔随机选择的，他真正想测验的是：老师的期望会不会影响学生的发展。

8个月后，罗森塔尔再次对学生做了一次智力测验，发现那20%的学生在智力方面的提升幅度，明显高于其他人，而且这些学生的综合素质也变得更好，比如性格更开朗、做事更积极。总之，他们变得比之前更优秀了。

为什么随机选择的一批学生真的会变得更优秀呢？不难想象，在那所学校里，老师虽然没有告诉这些学生"专家已经测评过了，你天赋异禀"，但是他们无意间一定会透露出对这些学生的期待。

当学生收到一点正反馈后，会更积极，更努力，从而取得更好的成绩，这让老师更加相信专家的判断，于是给予学生更多积极的关注，从而进入一种良性互动循环。

我们知道鼓励和欣赏对一个人很重要，能让人变得更好，但是却不一定那么心服口服，也不明白背后的原因。这个实验在科学上做出了解释，让我们更加确信鼓励的力量、欣赏的力量、相信的力量。积极的期望确实会让人变好，这就是罗森塔尔效应。

鼓励，真的会让人变好

你如果希望一个人变得更好，就要从心底里相信他可以，并且在言行上给予他真诚的支持和鼓励。尤其是领导对下属、父母对孩子、老师对学生，切记做到这一点。

经历过学生时代的你，一定深刻体验过家长和老师的反馈对自己的影响，一句鼓励和欣赏的话，会让我们开心很长时间，感觉自己充满力量。但是一句负面的批评和打击，会让我们意志消沉，甚至怀疑自己的能力。

我出生在偏僻的山村，绝大部分同龄人都没考上大学，我的成长环境和他们大同小异，之所以从小会好好学习，其中老师、父母、亲戚的夸奖起到了很重要的作用。

我印象很深刻的一个画面是，从学前班刚升到小学一年级时，有一天一群孩子在校园里疯跑，我无意间听到学前班老师和小学班主任的对话，她们好像在讨论说：李朝杰这个孩子虽然年龄偏小，但是挺聪明，各方面学习都能跟得上。

那一刻我感觉自己很棒，小小的身体里充满了能量，觉得自己一定能学习好，得到老师更多的表扬。之后很多年进入了一个正循环：相信自己可以，于是努力学习；考出了好成绩，得到了老师和家长的夸奖，从而更加相信自己。

我曾经和一位朋友以及他父亲一起吃饭，期间朋友说："我要考基金从业资格证，这对我以后做金融综合服务有很大帮助。"让我意外和震惊的是，他父亲冷冷地说了一句："就你，能行吗？能考得过吗？"这位父亲估计平时也是这么对孩子说话的。

我这位朋友从青春期到成人，经历了严重的叛逆，他参加了三次高考，但每次都临场弃考。我相信他父亲内心是爱孩子的，但是和很多父母一样，他们过分认同"玉不琢不成器"，对孩子实施打压式教育，结果对孩子造成了不可挽回的伤害。

父母在给孩子反馈时，不要说："你真是笨死了""就知道你不行""这都不会，你还会什么""别人都能做到，就你不行""你就不是这块料"。而要耐心且真诚地说："再试一次吧""我相信你能做到，加油""只要努力，即使不成功，也会有成长""失败不可怕，害怕失败，从此不敢尝试才可怕""相信你自己"。所谓一言可以兴邦，一言可以亡国。一句话可以成就孩子，一句话也可以毁掉孩子。

顺便提一下，我们也要相信自己，多鼓励自己。但是如果只有自我鼓励，没有实际行动，那么也不会有好的变化。不是鼓励直接导致了好结果，而是鼓励让一个人愿意行动和尝试，进而产生了好结果。

美国心理学家詹姆斯说：人最本质的需要是渴望被肯定。愿我们多多鼓励自己，鼓励身边每一个人。

四种家庭教养模式：让孩子更有教养

家长们都希望培养出有教养、出色的孩子，但现实中常见的情况是：家长对育儿这件事伤透了脑筋，孩子在和父母沟通时也感到烦恼。

其实为人父母也需要学习，否则你怎么就知道自己的养育方式是对的？毕竟你也是零基础"上岗"，要经过培训才能"工作"。我们学习一下心理学家对家庭教养模式的研究。

美国心理学家戴安娜·鲍姆林德提出，父母对孩子的教养方式包括两个维度：情感和要求。情感维度上，有的人特别爱孩子，对孩子有求必应；有的人对孩子没什么感觉，反应冷淡；当然也有很多人介于两者之间。要求维度上，有的人严格要求孩子，为孩子制订高标准；有的人对孩子没什么要求，忽视对孩子的管教；有的人介于两者之间。

根据两个维度的不同组合，可以形成四种家庭教养模式（见下图）：权威型（高情感、高要求），专断型（低情感、高要求），溺爱型（高情感、低要求），忽视型（低情感、低要求）。

第六章
这样说，利于亲子沟通

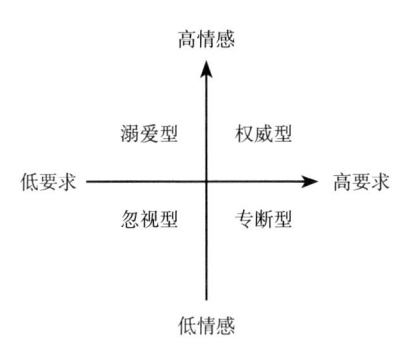

```
           高情感
            │
     溺爱型  │  权威型
            │
低要求 ──────┼────── 高要求
            │
     忽视型  │  专断型
            │
           低情感
```

下面我们来剖析每种教养模式下，父母和孩子的沟通方式，以及对孩子造成的影响。

1. 权威型

这是相对来说最合理的一种教养方式，父母对孩子有较高要求，让孩子努力实现一个个目标。同时在情感上，也高度接纳孩子，鼓励孩子说出自己的想法，和孩子充分沟通，达成共识。

近些年大受欢迎的《正面管教》书籍和课程，倡导的核心理念就是：父母对孩子要温柔且坚定。温柔指的是在情感维度上给孩子足够的爱、欣赏、接纳，不能粗暴对待；坚定指的是在要求维度上有原则、有标准，不能纵容孩子。

比如，当孩子不好好吃饭时，权威型的家长会询问原因，耐心听孩子解释。如果孩子无理取闹，家长可能会说："要好好吃饭，营养均衡，身体才会健康，如果你现在不吃早饭，那只能到中午才能吃饭，整个上午不能吃零食，这是我们家都需要遵守的规则。"

权威型模式教养下的孩子，各方面能力会获得发展，同时心态积极、自信，善于控制自我，喜欢与人交往。

2. 专断型

专断型的家长在中国传统社会很常见，他们在情感上或许也爱孩子，但是他们基本不会表露出来，更不会主动对孩子温柔相待。他们最在意的是自己在孩子心目中的权威形象，孩子有没有听话，是否服从管教。《红楼梦》中贾宝玉的父亲贾政，就是一个典型的专断型家长。

专断型父母对孩子提出高要求、高标准，但很少和孩子充分沟通，不会倾听孩子的心声，对孩子的想法采取忽视、冷漠的态度。

比如，当孩子不好好吃饭时，专断型的家长会严厉命令孩子说："给我好好吃饭，别挑三拣四的，不吃完饭，就不能离开餐桌，再闹，我就揍你！"

专断型模式下长大的孩子，言行举止还比较得体，但是他们常常表现出焦虑、退缩，缺乏快乐和积极的心态。但总体上，比溺爱型和忽视型教养模式下的孩子表现要好。

3. 溺爱型

有些家长自己小时候没有得到充分的呵护和关爱,于是希望自己的孩子不要有类似的经历,留下终生遗憾。他们对孩子精心照料,甚至百依百顺。

很多富二代、纨绔子弟就是溺爱型教养模式下的典型产物,父母在情感上高度接纳、响应孩子,但是却没有给予足够的教导、合理的要求。

比如,孩子不好好吃饭,溺爱型的家长可能会说:"好的,宝贝,你不喜欢吃米饭,妈妈给你买蛋糕……蛋糕也不吃了呀,那你想吃什么呢……好好,不吃就不吃了,下午肚子饿的时候,我们再吃东西。"

长此以往,溺爱环境下长大的孩子会成为家里的"小霸王",但是在家庭以外的环境中,别人可不会纵容他,即使别人因为某些原因迁就他、讨好他,但是在心里不会真正接纳这样的人。他们自私、任性,不会为别人考虑,渐渐成为不受欢迎的人。

4. 忽视型

我们要承认,不是每对父母都会在孩子身上投入无微不至的爱,有些家长因为忙于繁重的生计,或者自身缺乏教育孩子的意识,他们对孩子采取漠视的态度,任由孩子"自生自灭"。

忽视型的家长在情感上没有给孩子充分的关爱,在要求上也没有尽到管教的责任。就像大量的留守儿童，父母常年在外打工，在物质上能给孩子提供基本的保障，但在情感上缺少积极、充分的互动，无暇顾及孩子的学习和成长。

比如，当孩子不好好吃饭时，忽视型的家长可能根本就不知道这件事，或者即使知道了，也不予理睬。

忽视型教养模式下长大的孩子没有受到过关爱，也很难去爱别人，缺乏自制力和解决问题的能力。但凡有一个长辈在孩子身上投入爱和教导，孩子就不会成为被忽视的人。

大部分家长的育儿方式，往往是四种教养模式的复合体，或者在某个阶段偏向于某种模式。

优化育儿方式的前提，是认清自己的现状，两个维度、四种不同的家庭教养模式，就是一个分析现状的好方法。对孩子缺乏情感陪伴的，就要有意识关爱、关心孩子；对孩子缺少要求和管教的，要给孩子制订规则和标准，并且以身作则，和孩子一起遵守。

第六章
这样说，利于亲子沟通

成长型思维：给孩子合理的反馈

如今的新生代父母大多都秉持欣赏和鼓励孩子的态度，摒弃了传统的打压式教育，但是不恰当的表扬不利于孩子的成长，甚至会阻碍孩子的发展。那么，应该怎样正确地表扬孩子呢？怎样给孩子合理的反馈？

什么是成长型思维和固定型思维

2017年9月19日，腾讯创始人之一陈一丹先生创立的"一丹奖"，在香港公布首届得奖者名单。美国斯坦福大学的心理学教授卡罗尔·德韦克，荣获了一丹教育研究奖，奖金高达3000万港币。

让德韦克教授获奖的研究成果，正是她提出的成长型思维和固定型思维。我们要培养自己和孩子的成长型思维，相信人可以通过后天的积极努力，获得成长和改变。你可能会想：就这，也能获奖？这不是我从小就听过的大道理吗？

别急，德韦克教授是学习动机领域的卓越研究者，她进行了长期的科学调研和实验，并且提出了培养成长性思维的有效策略。比尔·盖茨说：德韦克的方法表明，仅仅对成长型思维模式进行一番深入了解，你就能让自己的思想和生活彻底改变。

我们来对比一下两种思维的不同态度，如下表所示。

固定型思维	成长型思维
逃避挑战，害怕挑战	迎接挑战
讨厌变化	拥抱变化
关注限制条件	寻找可能的机会
自己无能为力	一切皆有可能
不愿接受批评	主动寻求反馈
喜欢待在舒适区	喜欢探索新事物
自己的能力是一成不变的	可以通过学习提升能力
失败很可怕	可以从失败中学习
从学校毕业后不用再学习	坚持终身学习

怎样对孩子做出明智的反馈

每个人都是两种思维的混合体，只是在不同阶段、面对不同事情时，会倾向于其中一种思维模式。我们要做的是，激发自己和身边人的成长心态，培养成长型思维，尤其是教育孩子时更要如此。

1.表扬孩子

要表扬孩子的努力，而不是聪明；要表扬过程，而不是结果。

比如，孩子考了 100 分，家长不要说："宝贝，你简直就是

第六章
这样说，利于亲子沟通

一个天才，太聪明了。"这会引导孩子产生固定型思维，认为自己靠天赋就能考出好成绩，不需要努力。而且孩子会为了维护自己的"聪明形象"，不愿意尝试更难的挑战，因为万一遇到障碍或失败了，就显得自己不聪明，辜负了父母的期望。

家长可以说："你这段时间认真做作业，还建立了错题本，看来这样做很有效果。"这会引导孩子关注自己努力的过程，而且会激励他继续做出正确的行为。

2. 评价孩子

不要随意给孩子贴标签，过高评价的标签会让孩子有心理负担，负面标签会让孩子陷入固定性思维。

比如，孩子不肯上台表演节目，家长如果说："你这孩子，就是太内向，太胆小。"这样的评价只会降低孩子的自信和勇气，让他越来越抗拒上台。家长可以说："大部分人上台都会紧张，没关系，我们可以慢慢来。"

孩子画了一幅漂亮的画，家长不要说："你真是一个小画家，太厉害了！"可以谈谈你的感受和欣赏，比如说："这幅画的配色很漂亮，这个红色的屋顶和绿色的草地，让人看了就很舒服。"后者会引导孩子关注画画的兴趣本身，而不是自己多么有天赋。

3. 批评孩子

当孩子的表现令你失望时，不要否定孩子的能力和智力，而要客观地指出他的不足之处，提出建设性的意见和帮助。

比如，孩子做一道难题，很长时间还没思路，或者学习一门乐器，没有明显的进步时，家长不能说："这都不会，真是笨死了，隔壁家的小明早就会了。""唉！看来你就不是学音乐的料。"这会让孩子陷入"我很差，我不行"的固定型思维模式。你可以对孩子说："你解题时非常专注，尝试了不同的方法，这股坚持的劲儿很棒，如果需要帮助，可以找我，我们一起想办法。"

当孩子遇到失败和阻力时，家长可以用"暂时没有××"的句式来引导孩子采取成长型思维。

比如，孩子学不会骑自行车，你可以说："你只是暂时不会骑自行车，坚持练习一定能学会。"孩子考试不及格，你可以说："你只是暂时没及格，我们来找找原因和办法。"

总之，给孩子合理的反馈，目的是引导他培养成长型心态和思维。家长自己要先做好表率，做一个具有成长型思维的人，终身学习和成长。同时，在给孩子反馈时，要注意自己的用语。

第六章
这样说，利于亲子沟通

认知发展阶段理论：让对话匹配孩子的认知

家长在和孩子沟通时，常见的声音是："整天就知道玩，也不学点东西""这么简单的题都不会，真是太笨了""你这孩子怎么不懂事呢""我活了大半辈子了，现在都不知道该怎么跟你说话"。

很明显，这些家长很焦虑，如此养育的结果就是：家长很累，孩子不能按照自然规律健康成长，出现双输的局面。要知道，孩子的认知和成人是不同的，但是家长往往以自己的认知能力来要求孩子。

其实只要学习一下发展心理学的基本知识，就会对人在不同年龄阶段的心理规律和认知能力有所了解。著名教育心理学家皮亚杰提出的认知发展阶段理论，对家长和不同年龄段的孩子沟通，有很大的指导作用。

皮亚杰提出，人的认知发展包括四个阶段：

1.感知运动阶段（2岁以前）

相当于婴儿期，婴儿通过感官体验和身体动作来认识外部世界，他们只有看到、听到、尝到、摸到具体的物体时，才能认识它们。所以婴儿对世界充满了好奇，他们看看这里、摸摸那里，还喜欢把东西塞到嘴里。

这个时期的家长要让孩子充分接触、感知丰富的世界。可以经常对孩子说：宝贝，你看，这是红色；你听，妈妈用筷子敲碗，就是这个声音；你闻闻这朵月季花，好香哦；香蕉的味道，是不是甜甜的？你摸一下这个小熊，它的毛软软的，好舒服；这些积木有好多形状，我们来玩吧；这是苹果；这是杯子；天上有很多白云，等等。

2. 前运算阶段（2～7岁）

大致对应孩子的学龄前阶段，从上托班到幼儿园这几年。这个时期的儿童开始从感官世界中摆脱出来，逐渐使用概念和符号来理解事物，比如能区分各种颜色，知道做错了事会受到批评。他们的语言能力迅速发展，有时看起来甚至像一个小大人。但他们的思维仍然非常原始，比如：具有泛灵论，认为一切事物都有生命和意识；不理解守恒、可逆；以自我为中心，缺乏同理心。如果说婴儿还分不清自己和世界的区别，认为自己和世界是融为一体的，那么学龄前的幼儿，认为自己看到的、感知到的就是全世界，别人眼中的世界和头脑中的想法和他是一样的。

这一时期，家长常见的错误言行是：让孩子过度学习超越他能力范围的知识，比如背诵很多唐诗，学习加减乘除运算，识记大量汉字和英文单词，家长常为此扬扬得意；而当孩子不明白常

第六章
这样说，利于亲子沟通

识性道理时，家长会十分生气。

　　让幼儿学习大量超前的知识，无异于揠苗助长，不利于孩子心智的正常发展，也会让孩子对学习知识产生厌恶心理。此时家长应该做的是，继续带孩子感知大千世界，同时和孩子多互动，用丰富的词汇和语句来描述遇到的事物，比如和孩子一起阅读绘本，给他讲小红帽、三只小猪等故事。

　　当孩子闹情绪时，家长要做的不是指责孩子，因为这时候的孩子还无法控制自己，不能够站在别人的视角理解问题。家长需要耐心地引导孩子，说出他的情绪，让孩子知道自己此刻的烦恼是什么，这样就能把情绪剥离开来，从而更好地认识和控制它。比如家长可以说：你是不是生气了？爸爸刚才没有陪你玩，你是不是有点失望？别的小朋友都背着小书包，你是不是羡慕他们，也想有一个小书包？

　　当孩子不明白基本的道理，不理解别人时，家长不要过分生气、批评孩子。比如孩子体会不到爸爸妈妈的辛苦，而你对孩子说："妈妈白天工作，下班后给你做饭，晚上还要给你洗澡，收拾玩具，真是累死我了，你就不能好好听话，让妈妈轻松点吗？"这时孩子是无法共情的，只会被你吓住。

　　你可以拿绘本里面的故事来引导孩子，比如可以说："米米每次玩好玩具后，会干什么？是不是送玩具回家？那我们也来送玩具回家吧!"总之,纯粹地讲道理没有用,耐心地引导和反复地说明,才能让孩子的心智慢慢成熟。

3. 具体运算阶段(7～12岁)

对应孩子的小学阶段,这个时期的儿童逐渐把自己的重心从家庭转移到学校。在思维能力上也比前运算阶段前进一大步,他们能理解加减乘除运算,也理解了守恒、可逆等概念。不过,他们仍然缺乏抽象的逻辑思维。

学习成为该阶段儿童最重要的任务,但是很多家长更看重孩子的应试能力,而不是学习能力。其实,帮助孩子掌握高效学习的方法,培养对学习的兴趣,拥有自驱力,比考出好成绩更加重要。

因此,家长在和孩子沟通时,要重点引导孩子建立良好的学习习惯,保持对世界的好奇心。比如家长可以对孩子说:"考试成绩我们暂且放下,一起看看有哪些题目是会做,但是没有做对的,要找到原因,下次避免再犯类似的错误""你认为这个数学知识可以用在生活中哪里呢""我们用学到的语文知识给爷爷奶奶写一封书信吧"。

另外,要培养孩子的同理心,引导孩子站在别人的角度看待问题,从而能更好地理解他人,对别人的想法也能体会一二,甚至感同身受。比如家长可以对孩子说:"上次你过生日,很多小朋友来我们家一起庆祝你的生日,你是不是很开心?那么现在小红过生日,她是不是也希望小朋友们去给她庆祝?那你应该怎么做呢?"

如果没有帮助孩子培养起良好的学习习惯和自驱力,那么孩子即便暂时能考出好成绩,以后也迟早会出现学习障碍,成绩下滑。如果没有引导孩子培养同理心,那么孩子会以自我为中心,自私自利,无法与他人友好相处。

4. 形式运算阶段(12～18岁及18岁以后)

对应孩子的中学阶段,包括初中和高中,这个时期的孩子和成人的思维越来越接近。他们开始拥有抽象思考的能力,比如能理解复杂的几何知识、物理化学实验、抽象的政治制度,还会思考我是谁、我要到哪里去等人生命题。

如果说在具体运算阶段,家长还需要全力帮助孩子,那么在形式运算阶段,家长就应该逐步放手,让孩子主导自己的人生和未来,在生活上锻炼自理能力,在思想上也要逐渐独立。

此时家长可以和孩子进行抽象思维层面的互动,比如问孩子:"你认为自己有哪些优势?怎样发挥这些优势?""你希望自己将来成为什么样的人,过什么样的生活?""假如遇到一个你不喜欢的老师,你会怎样对待这门功课?""你最喜欢哪本经典名著?为什么?"

综上，发展心理学的研究已经指明了人类普遍的认知发展规律，帮助我们更了解自己，更了解孩子，从而在符合孩子认知能力的范围内，和他们好好说话。

多元智力理论：如何培养"笨孩子"

家长在面对考试成绩不佳的孩子时，往往会很焦虑，为他们的能力和未来感到担忧。很多孩子自身的压力也很大，他们考不出好成绩，会认为自己智商不如别人，陷入焦虑和自卑。

其实我们都知道，人生的出路不只考试、升学这一条，"条条大路通罗马"，"三百六十行，行行出状元"。但在面对现实中的升学考试时，还是会绞尽脑汁提升成绩。

什么是多元智力理论

心理学家霍华德·加德纳出版的《智力的结构》一书提出：智力是在某种社会和文化环境下，个体用以解决遇到的难题或创造出有效产品所需要的能力。人的智力包括八种，分别是语言智力、数学逻辑智力、音乐智力、空间智力、身体运动智力、人际关系智力、内省智力、自然智力。下面我们逐一解释。

语言智力：就是和语言表达相关的听说读写能力，有些人文笔很好、口才很好，体现的就是语言智力。

数学逻辑智力：就是进行数学运算、逻辑推理的能力，我们在学生时代一定都遇到过数理化成绩特别突出的同学，他们的数学逻辑智力就比较高。

音乐智力：是感受、辨别、表达、演奏音乐的能力，有些人一辈子五音不全，而有些人从小对音乐就很感兴趣，专业调音师能敏锐地发现并解决乐器的细微问题。

空间智力：是感知形状、结构、方位的能力，空间智力高的人在绘画、雕刻、建筑设计等方面会更擅长。

身体运动智力：是协调自己的肢体、做出恰当表现的能力，比如运动员、舞蹈演员、杂技表演者，都需要具备较高的身体运动智力。

人际关系智力：是与他人交往、沟通、合作的能力，也就是人们通常所说的情商。人际关系智力高的人，能敏锐感知到别人的情绪、意图，并做出合理的回应。

内省智力：是观察和感知自我、进行思考和反省的能力。认识自己是一件不容易的事，内省智力高的人在思想和哲学方面会有较高的造诣，比如晚清重臣曾国藩、日本著名企业家稻盛和夫，就经常自我反省，他们都是思想家。

自然智力：是探索和感知自然世界的能力。自然智力高的人能更好地适应我们所处的物理世界，在动植物、农业、地理等领域获得成就，代表者有医药学家李时珍、旅行家徐霞客等历史人物。

每个人都同时具有以上八种智力，只是每种智力的高低有所不同，不同智力的组合又带来了人与人之间的差异。所以，智商测试、考试成绩不能代表一个人全部的智力，它们主要体现了一个人在数学逻辑和语言读写方面的能力。

如何培养"笨孩子"

当孩子在学校不擅长学习时，家长不要过分焦虑，可以了解一下多元智力理论，并介绍给孩子和家人，让大家在认知和心态上缓解压力。除了继续想办法提升学习成绩外，还可以探索和发现孩子其他方面的智力，最终扬长避短，获得自信和成就。

另外，以下几个关于多元智力的小故事，建议家长和孩子了解一下，也可以分享给身边的亲友，帮助他们缓解智力焦虑。

1. 钱锺书的故事

钱锺书是著名学者、作家，学贯中西。1929 年考入清华大学时，国文特优，英文满分，数学却只有 15 分，但这不影响他后来在文史方面取得巨大成就。他因《围城》一书被广大读者所熟知，其实这只是他众多著作之一。

钱老的数学逻辑智力或许一般，但语言智力绝对是首屈一指。

2. 陈景润的故事

陈景润被誉为他所在时代里最伟大的数学家，这样一位数学奇才在生活自理和人际交往方面却表现"极差"。

他大学毕业后来到北京四中教数学，结果因为不善言谈，不会处理和学生的关系，丢掉了教师的工作。而后他潜心研究数学，没有时间谈对象，直到47岁才结婚。

很明显，陈景润先生的数学智力极高，人际交往智力却不足。

3. 全红婵的故事

2021年8月，年仅14岁的全红婵，获得了东京奥运会跳水女子单人10米跳台金牌，成为家喻户晓的人物，此后更是实现了奥运会、世锦赛和世界杯的金牌大满贯。2022年，国家体育总局授予全红婵"国际级运动健将"称号。

这样一位运动天才，却不爱学习文化课，她大方承认自己当初就是不喜欢读书，所以才选择跳水运动。她的初中班主任评价说："全红婵除了学习不好外，其他哪儿都好。"

根据多元智力理论，全红婵是一位运动智力极高的人。

4. 邢小颖的故事

邢小颖毕业于陕西工业职业技术学院的材料成型与控制技术专业，2014年，20岁的她以专业综合排名第一的成绩，被清华大学聘用为实践指导老师，给清华的本科生讲授铸工实训课程。此后连续八年，获评清华大学基础工业训练中心实践教学特等奖和一等奖。

第六章
这样说，利于亲子沟通

很明显，刑小颖老师的空间智力和运动（操作）智力是很高的，因此大专毕业的她，照样可以成为清华大学的老师。

类似的故事不胜枚举。我们一定要明白，考试成绩差，不代表就是笨孩子。退一万步讲，即使你的孩子学习成绩始终不好，没考上大学，也永远不要定义为智力不行，不要放弃在其他领域的尝试。

相信人人皆有禀赋，要发现它，点亮它。

外显自尊和内隐自尊：提高孩子的自尊水平

我们知道自尊对一个人的重要性，谁都不愿意像阿Q那样没有尊严地活着。那么究竟应该如何提升自尊？家长应该如何帮助孩子培养自尊？领导应该如何帮助敏感的下属提升自尊？外强中干的人真的有自尊吗？

什么是外显自尊和内隐自尊

美国乔治亚大学的心理学家迈克尔·柯尼斯提出的自尊理论，能给我们带来启发和指导。

他提出，人的自尊包括两个层面：外显自尊和内隐自尊。外显自尊就是人们通常所理解的意思，别人表面上尊重你，你也觉得自己值得被尊重。内隐自尊是一个人内心深处对自己的认可和接纳，发生在潜意识层面，可能连自己都难以察觉。

根据这个定义，人的自尊类型包括四种（见下图）。

1. 外显自尊和内隐自尊都高，称为稳定高自尊

这样的人受人尊重，同时内心深处也真正相信自己、认可自己。《三国演义》中的诸葛亮就是稳定高自尊的人，哪怕没人请他出山，他也不会怀疑自己的能力。

第六章
这样说，利于亲子沟通

```
              外显自尊高
                 ↑
        ┌─────┐  │  ┌─────┐
        │不稳定│  │  │ 稳定 │
        │高自尊│  │  │高自尊│
        └─────┘  │  └─────┘
内隐自尊低 ←─────┼─────→ 内隐自尊高
        ┌─────┐  │  ┌─────┐
        │ 稳定 │  │  │不稳定│
        │低自尊│  │  │低自尊│
        └─────┘  │  └─────┘
                 ↓
              外显自尊低
```

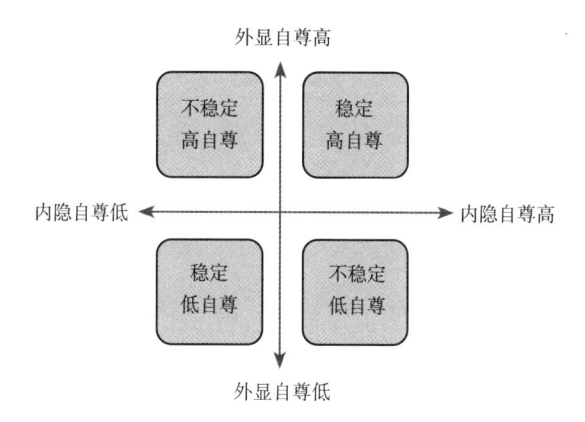

2. 外显自尊高、内隐自尊低，称为不稳定高自尊，俗称外强中干

这样的人表面上自尊心强，但内心却是脆弱的，甚至充满深深的自卑感。别人夸他两句，他感觉很好，但别人不认可他时，他会愤怒，反应过度。历史上元末明初的陈友谅，电视剧《人民的名义》中的祁同伟，《狂飙》中的高启盛，都是这样的自尊类型。

3. 外显自尊和内隐自尊都低，称为稳定低自尊

这样的人在人群中不起眼，是"小透明"。上学时老师注意不到他，工作后领导会忽视他。那些生活中唯唯诺诺的人，别人批评他两句，他会不加辩解地承认"都是我的错"；取得了一点成就，他会认为是自己运气好，甚至感到诚惶诚恐，自己配不上这样的成就。

4.外显自尊低、内隐自尊高，称为不稳定低自尊

这样的人内心还是比较认可自己的，但是表面上并不张扬。在轻松友好的场合，他会表现一下，但是遇到冲突，被反对时，很容易缴械投降，退缩逃避。

生活中我们往往只看到了外显自尊，也就是一个人表面上有风度，别人也对其客客气气。但如果只有这一点，还不是真正的自尊，因为他的内心可能很脆弱，当遇到反对和质疑时，就会失去风度和自信，甚至恐慌、愤怒。

怎样提高孩子的自尊水平

很明显，我们应该追求成为稳定高自尊的人，也就是外显自尊和内隐自尊都要高。我们也希望自己的孩子成为这样的人，那么该怎样做呢？我总结了三个建议：

1.外显自尊方面

多对孩子表达积极言语，当孩子遇到挫折时，鼓励他克服难关，迎接挑战；当孩子取得成就时，要真正地欣赏和赞美他。

但凡事过犹不及，有些家长抛弃了"打压式教育"，却会陷入过分"赏识教育"的泥坑。比如，不让孩子受到一点挫折，把孩子关照得像温室里的花朵。孩子取得一点小成就，家长就做出

第六章
这样说，利于亲子沟通

夸张的表扬："哇，你可真是天才，太优秀了""说吧，你想要什么，爸爸就给你买什么"。

这种模式下培养出来的孩子，会有较高的外显自尊，但看似强大的外表下，可能隐藏着一颗玻璃心，受不得一点委屈，遭遇打击时就会"原形毕露"。小说《天龙八部》中的慕容复就是一个典型，他苦苦追寻的复国称帝的美梦破碎后，精神崩溃，成了一个疯子。

我们在生活中有时会听到一种叮嘱：这个人自尊心很强，你和他沟通时千万要注意。这样的人就是不稳定高自尊，像温室里的花朵，只能待在温和的环境下接受欣赏和赞美，一遇到现实世界的风吹雨打，就会迅速凋零。

2. 内隐自尊方面

想让孩子拥有强大的内心，成为内隐自尊高的人，就要培养他的内在成就感、自我效能感，相信自己有良好的能力和品格。那些不惧世人眼光、坚持信念不动摇、取得巨大成就的人，都是内隐自尊极高的人，比如任正非、马云。

家长可以引导孩子做好以下三点（成人同样也适用）。

首先是不怕失败。只要努力做一件事，一定会遇到失败，在失败中吸取教训，加以改进，人就会成长。正如曼德拉所说：我从不失败，要么获得成功，要么获得成长。

小学三年级的小雅想竞选班干部，但是害怕同学们不选她，妈妈对小雅说："你尽管去竞选，哪怕没选上也不要紧，我们可以事后分析原因，下次再来，总有一天你会当选。"这就是在引导孩子建立内隐自尊。

其次是不怕犯错。多少人小心翼翼地度过了平庸的一生，他们不敢挑战，不敢创新，不敢尝试，原因就是害怕犯错。殊不知，人在犯错中才会成长，如果一个人总是做容易的事、熟悉的事，看似不出错，却再也不会成长了，也就无法练就强大的内心。

小亮自从期末考试不理想后，在老师的建议下，他改进了学习方法，建立一个错题本，把平时做错的题都收集起来，定期复习。老师对小亮说："只有平时多犯错，及时纠正，重大考试时才会少犯错。"

作为家长，要鼓励孩子直面错误，从错误中学习，在错误中成长。

最后是取得大大小小的成就。这是培养内隐自尊方面最重要的一点，人的自信心和成就感是从成功的经历中逐步培养起来的。我们可以失败，可以犯错，但如果从来都没有成功过，那么就很难体会到对自我的掌控感，也很难在内心深处真正尊重自己。

让孩子取得一点成就并不难，他总有一两个方面是相对优秀的。比如，语文和数学成绩不好，但是科学成绩还可以，那就鼓励他参加学校科技展，展示自己的科技小作品。文化课学习一般，但是孩子在跑步比赛中表现优秀，那就引导孩子多锻炼跑步，在学校运动会中崭露头角。

从小成就开始，逐步挑战更难的目标，取得更大的成就。一个人取得的成就越大、越多，内隐自尊也会越高。

3. 合理调整

心理学家威廉·詹姆斯提出过一个公式：自尊＝成功/抱负。根据这个公式，提升自尊有两个途径：获得更大的成功，降低自己的抱负。

试想，如果一个学生的目标是成为年级第一，但最终只排到年级 50 名。另一个学生的目标是考进年级前 100 名，最终居然排到年级 50 名。虽然结果是一样的，但是后者对自我的认可度会更高，自尊感更强。

我们当然应该鼓励孩子追求更好的结果、更大的成就，但是骨感的现实和丰满的理想不一致时，也要引导孩子学会调整期望，适当降低一点抱负，这样内心才会平衡，自我效能感才会维持住。这不是自欺欺人，而是一种人生智慧，毕竟大多数人都是普通人，过着平平淡淡的生活。

最后，家长要时刻牢记，以身作则是最有效的教育，家长如果是稳定高自尊，孩子在自尊方面通常也不会差。在父母耳濡目染的良好影响下，孩子会尊重自己，相信自己，也会尊重他人，敬畏世界。

第七章

这样说，帮助他人

原因论和目的论：帮助他人发生改变

改变不是一件容易的事，很多时候人们明知道该怎么做，但是偏偏不行动，而且有很多看似合理的理由。

比如，一个肥胖的人明白自己应该减肥，却不行动，还责怪父母过去没有好好管理自己的饮食习惯。一个单身的男青年希望有女朋友，但是他认为自己长得不帅，而且家境和工作一般，于是没有勇气追求心仪的女孩。一个年轻人做着自己讨厌的工作，但是又不敢换工作，因为他认为自己学历一般，能力平平。

我们身边一定有这样的人，或许自己就是。心理学家阿德勒提出的目的论，能帮助我们看清问题的本质，获得前行的力量。我们可以使用这个心理学知识来开导他人或自己。

什么是原因论

拿我自己来举例，在我 20 多岁之前的岁月里，说话结巴是一个深深困扰我的问题。学生时代，因为结巴，我不敢上台竞选班干部，不敢向心仪的女生表白，不敢给别人打电话。我怕被人听出结巴，进而被嘲笑和看不起，伤到自尊心，于是就尽量规避一切重要场合的讲话。其实我也很想表现自己，想大大方方、流利自信地说话，可是我做不到，还陷入懊恼之中，甚至怨恨父母

第七章
这样说，帮助他人

把不良基因遗传给了我。

对以上问题常见的解释是：因为说话结巴，所以我产生了一系列社交、沟通方面的问题。这就是典型的原因论：因为A，所以B。我们试图给自己的困境找出合理的原因，以达到逻辑自洽。即使问题无法改变，烦恼无法消失，但至少能解释得通，甚至带来自我慰藉。

比如，如果父母没有遗传给我不良基因，我就不会说话结巴。如果我不结巴，我就能大大方方地交谈，成为一个自信的人，收获美好的爱情和成功的事业。所以我现在这么失败，都怨结巴，怨父母。

根据原因论，过去导致了现在，自己无法改变过去，也就无法改变现状。现在会导致未来，因此未来也无法改变。最终什么都改变不了，人生就这样了。这显然是悲观、消极、机械的思维，而且它无法解释一个不争的事实，就是经历了相同的过去，有些人却能改变现在和未来，摆脱过去的影响。

比如，一些说话口吃的人能解决这个问题，甚至练好口才，收获成功。譬如古希腊的雄辩家德摩斯梯尼，美国成人教育之父戴尔·卡纳基，中国古代思想家韩非，当代哲学家冯友兰。所以，原因论存在谬误，在原因A之后，不仅有结果B，还可能有其他结果C、D、E。

什么是目的论

还是拿我自己举例，在 20 多岁之前，规避在重要场合讲话，其实是我的目的。为了实现这个目的，我找到了说话结巴这个借口，有这个挡箭牌，我就可以理所当然地逃避演讲，不向心仪的女生表白，不轻易给别人打电话。

更进一步，说话结巴也是我的目的，为了实现这个目的，我的借口是父母遗传，这样我就不用改变不良的说话方式了。这种心理过程难以被理解和接受，它不是在意识层面完成的，而是在潜意识层面进行，甚至当事人自己都觉察不到。

根据阿德勒提出的目的论，不是因为 A，所以 B；正好相反，B 是目的，A 是手段和借口。这是对人类心理和行为的一种深刻洞察。

比如，一个人"不减肥"是目的，这样他就可以把自己所有的困境都归结到肥胖上。甚至会想：如果我不胖，早就如何如何了，只要我不胖了，就一定能如何如何。万一他真的有一天减肥成功了，但还是不如意的话，那么他就不能再拿肥胖当借口了，这样就会陷入不确定的恐慌和迷茫中。

一个单身的男青年"不找女朋友"是目的，他的手段和借口是自己不帅、家境和工作一般。他的臆想是：只要我长得帅、家

第七章
这样说，帮助他人

里有钱，早就有女朋友了。这样他就可以继续心安理得地不努力，甚至颓废，过着平庸、痛苦，但逻辑自洽、不至于崩溃的生活。

一个讨厌自己工作的年轻人"不换工作"是目的，手段和借口是自己学历一般、能力平平。他有时候会想：如果我像人家一样有高学历、能力强，就能找到好工作了。他拿学历、能力一般，来禁锢和欺骗自己，继续日复一日地讨厌工作、抱怨领导。

心理治疗师伯特·海灵格说：受苦比解决问题来得容易，承受不幸比享受幸福来得简单。秉持原因论，认为过去导致了现在的人，宁可继续受苦、承受不幸，也不解决问题，不追求幸福。他们认为，自己改变不了，问题解决不了，相比较改变之后的不确定，他们更愿意继续维持痛苦、但至少确定的现状。

根据目的论，我们应该怎么改变

1. 决定我们的不是过去的经历，而是自己赋予经历的意义

无论是经历童年的不幸、求学时的挫折，还是遭遇创业失败、婚姻破裂，这些都不是我们抱怨过去、不做改变的理由。你怎样看待和解释过去的经历，决定了你现在的心境和选择。

比如，同样经历过童年时期被虐待、被抛弃的两个成年人，一个人始终走不出阴影，过着自暴自弃、怨天尤人的生活。另一

个人却走上了阳光、幸福的道路，因为他认为自己的童年已经够不幸了，之后的人生一定要幸福，才对得起自己的生命，而且一定要让自己的孩子度过幸福的童年。

奥地利心理学家维克多·弗兰克尔，在第二次世界大战期间被关进纳粹集中营，他的父母、兄弟、妻子先后死去，身边的其他犹太人也在痛苦中死亡。在这种炼狱般的煎熬中，他没有放弃生的念头，通过想象着自己将来自由后，在大学里给学生们讲述集中营的经历，探讨人性的问题来支撑自己活下去。

弗兰克尔在其著作《活出生命的意义》中写道：人所拥有的任何东西，都可以被剥夺，唯独人性最后的自由——也就是在任何境遇中选择自己态度和生活方式的自由，不能被剥夺。二战结束后，弗兰克尔继续从事自己热爱的工作，成为意义治疗与存在主义分析心理治疗学派的创办人，向全世界推广意义疗法。

反观其他在纳粹集中营被关押的人，有些人不是被纳粹直接杀死的，而是不堪忍受折磨，选择放弃生命的希望。还有一些后来被解救、获得自由的人，陷入了长期的痛苦之中，始终受到这段经历的不利影响。我们不是要苛责这些不幸的人，而是作为后来者和旁观者，在对比之下，更应该向弗兰克尔学习。决定我们的不是过去的经历，而是自己赋予经历的意义。

第七章
这样说，帮助他人

2.面向未来设立新的目的，思考自己能做什么

根据目的论，只要摒弃不合理的目的，勇敢地向前迈一步，设立新的、更合理的目的，现状就会豁然开朗。

比如，前文中单身的男青年把目的设定为"找一个女朋友"，进而思考：我有哪些优势？我要追求谁？我该怎么做？然后在现实中勇敢地追求心仪的女孩，哪怕失败了也没关系，至少会提升他和异性交往的能力，甚至会越挫越勇，和有缘人终成眷属。

就像那句鸡汤说的：想，都是问题；做，才有出路。遇到困境，如果只是寻找借口，推卸责任，只会让自己意志消沉，不思进取。转变思维，想想自己能做什么，哪怕改变一点点，生命的齿轮也许就会开始转动。

我摆脱说话结巴的影响，克服演讲恐惧，转型成为一名培训师，契机是参加了一次演讲俱乐部的活动。从此持续训练一年多，困扰我二十多年的问题就解决了。如今我偶尔还会结巴，但是它已经不会再令我难堪和痛苦，反而是促使我坚持锻炼口才的原因和动力。如果我当年没有尝试改变，继续自怨自艾，作茧自缚，那么现在的人生就是另一种面貌了。

当你的亲友（或者你自己）遇到困境，不知道怎么办时，问问他们："除了分析原因，以后你想过什么样的生活？达到什么目标？为了实现这些，你能做什么？应该做什么？"由此启发他

们，从原因论思维转向目的论思维。

阿德勒说：任何经历本身并不是成功或失败的原因，我们并非因为自身经历中的刺激——所谓的心理创伤而痛苦，事实上，我们会从经历中发现符合自己目的的因素。

过去的经历，既能视为不改变的借口，也能作为改变的动力。你过去和现在是谁不重要，重要的是你未来想成为谁。

第七章
这样说，帮助他人

自卑感与自卑情结：帮助他人战胜自卑

有人说：自信比黄金还宝贵。确实，自信是一个人成功和幸福的关键基石，不自信的人很难体会到"自信人生二百年，会当水击三千里"的豪迈。

可惜的是，有大量的人不自信，乃至自卑。我过去是一个比较自卑的人，后来经过长期发展，变得没那么自卑了，但至今我还不敢说自己是一个非常自信的人。这个问题困扰着我，也困扰着无数人。

心理学家阿德勒的理论，对一个人克服和超越自卑有很大的帮助。当你需要疗愈自我或者帮助他人时，就可以参考下面的观点。

每个人都有自卑感，这是正常现象

我们很容易产生一种错觉，以为只有自己自卑，其他人（尤其是那些成功的人）看起来都怡然自得、光鲜亮丽，他们一定很自信，至少不自卑。就像我们上台演讲时，以为只有自己紧张，其他人不紧张，其实这也是一种误判。

阿德勒告诉我们，每个人都有自卑感，这是极其正常的，不必为此感到羞愧、自责。儿童难以做到很多大人轻而易举就能完成的事，自然会产生自卑感。成年人初步涉足一个领域时，面对前辈、大咖，也会产生自卑感。哪怕是一个颇有建树的专家、领导，在面对不熟悉的新领域时，也会有自卑心理。

自卑感能促使一个人萌生成长和进步的动力，进而付诸行动，从不敢到敢，从不会到会，从陌生到熟练，最终战胜自卑。回想一下，你小时候学走路、学习骑车，长大后学开车、学做饭，不都会经历这样的过程吗？

我们应该规避的不是自卑感，而是自卑情结

自卑情结是指一个人面对难题时，表现出无能为力、逃避退缩的心理。它有两种极端：一种是意志消沉、眼神黯淡，不敢做有挑战的事，这种情况很容易就能看出来；另一种是外表狂妄自大、内心极度自卑，也就是外强中干，俗称纸老虎，这样的人通过打压别人、拒绝评价来彰显自己的优越感。

举个例子，三个年轻人同时进入一家公司做销售，从事陌生的行业和岗位，三个人都感到压力很大。甲的做法是虚心向老员工学习，磨炼销售技巧，一年后成为公司的销售明星。乙也很努力，但是坚持半年后，认为自己不适合做销售，于是跳槽去做别的工作了。丙开始也充满希望，但是面对客户的冷酷拒绝，内心从忐忑变成沮丧，后来主动辞职，不再找新的工作，宅在家里啃老。

这三个人初期都是有自卑感的，不同的是，甲和乙的自卑感是良性的，而丙则发展成了自卑情结，对生活失去了信心和希望。

战胜自卑感的两种方式

1. 直面问题，弥补短板

这是最为人们所推崇的方式，俗话说：在哪里跌倒，就在哪里爬起。一个人发现自己的不足和缺点时，首先应该做的就是想办法解决问题。

德摩斯梯尼是古希腊著名的雄辩家，经常发表慷慨激昂的演讲。然而，他在年少时却是一个口齿不清、说话结巴的人。他为此进行了长达10年的刻苦训练，比如口中含着小石子练习发音，在陡峭的山路上一边攀登，一边吟诵，对着镜子反复练习演说，他最终成为一流的演说家。

心理学家阿德勒从小体弱多病，直到四岁才会走路，五岁时差一点因为肺炎失去生命，成人后也是个子不高，内心存在深深的自卑感。但是，他通过努力学习，取得了医学博士学位，成为一名医生，后来转向精神病学，开创了个体心理学，成为和弗洛伊德、荣格齐名的心理学大师。

德摩斯梯尼和阿德勒都是战胜自卑的典型案例，相信你在生活中一定见过类似的现象：一个资质平平的人通过奋斗，练就了一项技能，成就了一番事业，从而战胜自卑，收获自信。

2. 转移阵地，解决其他问题

当我们在一件事上反复受挫后，除了继续死磕，还可以选择换一个方向，所谓人挪活树挪死，不必一条道走到黑。你解决不了某个问题，不代表其他问题也解决不了。

例如，刘备不是一名成功的商人，却是一位优秀的政治家、领导人。全红婵不是学霸，但却是世界上顶尖的跳水运动员。

转移阵地，解决其他问题，不是建议你随意放弃，胡乱尝试，而是要避免因为在一个领域失败或不顺，从而陷入全面的自卑情结中。我们不能因为一次失败或一个领域的失败，而全面否定自己，"天生我材必有用"不是一句空话。

是否一定要战胜自卑

健康充实的人生是一个不断超越自卑的过程，在一个领域克服自卑、收获自信后，在其他领域也应该这么做。

有人可能会说：我就想平平庸庸地度过一生，哪怕自卑也无妨。你当然可以这么做，但是这样的人生终究是有遗憾的，没有全然绽放。

第七章
这样说，帮助他人

人在一生中至少要在一个领域达到自信的程度，这个领域最好是自己的工作、专业，也可以是兴趣爱好，比如打台球、练瑜伽。至于自信的程度有多高，这就是个人主观感受了。只要你通过在这件事上的努力，觉得自己是有能量的，是可以做成一些事的，就视为在该领域超越了自卑，获得了自信。

只要在一个领域体验到了从自卑到自信的过程，那么这种成长的心法就可以迁移到其他领域，进而获得在其他领域的成长。哪怕只在一个领域有自信，在其他领域存在自卑感，一个人也不会认为自己无能，因为他有生存的资本、能量的来源。

总之，自卑不可怕，可怕的是让人"不得翻身"的自卑情结。当你通过努力在某方面战胜自卑后，你就可以自豪地说：我是一个超越了自己的人。

大脑的作用机制：克服演讲紧张

我是职业培训师，主讲课程是公众演讲，我深知演讲是让人闻之色变的一件事。几乎每个人都说自己演讲时会紧张，甚至特别恐惧。很多善于演讲的名人，也承认自己在正式场合演讲时会紧张。

美国知名作家、演说家马克·吐温甚至说：世界上只有两种演讲者，一种是紧张的，另一种是假装不紧张的。

那么，为什么人在演讲时会紧张呢？其实这是生理原因造成的心理问题。

人的大脑结构

大脑是人体最精密的器官，经过亿万年的进化，已经高度发达，运行缜密。人的大脑包括三个层次，你可以理解为从内到外依次是：爬行脑、情绪脑、理性脑。

1. 爬行脑

爬行脑是最早进化出来的，很多动物都有这个脑区，比如鳄鱼、蜥蜴。它掌控着人和动物最原始的生理本能和欲望，如呼吸、进食、战斗等。

爬行脑掌控的人体功能是自动运转的，不需要人的思考和决策。比如脉搏的跳动，在野外看到蛇会本能地恐惧和逃避，手无意间碰到滚烫的水壶会立即收回来。爬行脑保障了人的基本生存。

2. 情绪脑

情绪脑是之后进化出来的，哺乳动物有这个脑区，比如猫、狗、马。它掌控着人和动物的情感和情绪，狗有开心、恐惧、愤怒等情绪，而鳄鱼则没有这些情绪，就是因为前者有情绪脑，而后者没有。

人的情感和情绪就更加丰富了，当我们有某种强烈的情绪时，生理上也会出现变化，比如激动的时候，心跳会加快，害怕的时候，瞳孔会放大。所以，情绪脑的变化能引导爬行脑发生作用，进而指挥人体器官产生变化。

3. 理性脑

理性脑是最晚进化出来的，也就是大脑皮层，灵长类动物有这个脑区，比如猴子、猩猩。当然，人类的理性脑是灵长类动物中最发达的，占据整个脑容量的三分之二。

理性脑负责高级认知功能，比如思考、发明、创新。所以人类能够从茹毛饮血的原始状态，进化到今天的文明高度。动物有情绪时，会发泄，甚至失控，但是一个人经过学习和发展，能用理性脑控制不合理的行为和欲望，而不是任由情绪脑"胡作非为"。

紧张的根源：杏仁核

杏仁核是情绪脑的一个区域，掌控着人和动物的恐惧、攻击性等情绪。研究表明，当动物的杏仁核被刺激时，动物会表现出逃避、恐惧等现象。当人和动物处于恐惧状态时，杏仁核会高度活跃。当动物的杏仁核被摘除，以及某些人的杏仁核因故受损后，恐惧情绪就会减退。

人类在长期的进化中，成为众人面前的焦点时（例如被围攻），杏仁核就会被激活，引起恐惧情绪，进而引发爬行脑启动生理反应，比如心跳加快、双腿发抖，人的身体处于准备逃跑或战斗的状态。

我们在众人面前演讲时，尽管理性脑知道观众不会吃了演讲者，但却无法阻挡情绪脑（杏仁核）操控爬行脑启动生理反应，甚至完全笼罩在恐惧的情绪中不能自拔。因此很多人上台演讲时会大脑一片空白，语无伦次，成为被杏仁核挟持的"行尸走肉"。

好消息是，人的大脑是可以训练的，否则就不会有那么多领导者、主持人、演说家在台上侃侃而谈，看不出有紧张的情绪。

关于大脑的可塑性，有一个很好的例子。海马体是情绪脑的一个区域，负责记忆功能，人的海马体体积越大，记忆量也会越大。有学者对英国伦敦的出租车司机和公交车司机进行研究，发现前者的海马体比普通人大出很多，而后者却没有这样的现象。

这是因为，出租车司机开车的路线不是固定的，需要识记大量的交通信息，因此海马体得以锻炼，体积变大。而公交车的路线是固定的，司机不需要刻意记忆，按照固定的程序执行即可，因此海马体没有得到专门锻炼。

你看，海马体可以训练，杏仁核其实也可以训练。

克服演讲紧张的本质：管理杏仁核

既然杏仁核掌控人的恐惧情绪，而且大脑是可以训练的，那么我们只要管理好杏仁核，就能克服演讲紧张。杏仁核训练得越好，紧张情绪就会消解的越好。

2019年奥斯卡最佳纪录片是《徒手攀岩》，记录了美国攀岩大师亚历克斯·霍诺德在没有任何辅助工具的情况下徒手攀岩，登上了900多米高的酋长岩。

研究者对亚历克斯的大脑进行扫描，发现他在看到恐怖的图片时，杏仁核不会像常人那样显著活跃，而是和平常无异。显然，他在攀岩时，杏仁核也不会被激活，所以没有恐惧情绪。但是，十几年前亚历克斯刚接触攀岩时，也无比害怕。

那么亚历克斯的杏仁核是怎样得到锻炼的？这对我们克服包括演讲紧张在内的所有恐惧都有极大启发。

1. 去真实的场景反复演练

亚历克斯在徒手攀登一座山之前，都会佩戴辅助工具先攀登很多遍，熟悉每一个角落、每一步动作，相当于正式徒手攀岩前的彩排演练。

那么，你在演讲前有没有去现场真实演练呢？如果现场去不了，有没有在别的地方演练呢？如果没有，那么你的杏仁核就未得到训练，在现场众目睽睽之下，会本能地被激活，引发人的恐惧情绪，让你想逃避、逃跑。

我见过很多演讲者，口口声声说自己很担心某次演讲，也很想讲好，但是他们却没有在私下完整演练过哪怕一遍！这种情况下，演讲时大概率就会被杏仁核挟持。

2. 在头脑中反复预演

亚历克斯还会写详细的攀岩日记，记录自己的经验、反思。在头脑中设想和预演高难度动作，然后付诸实践。他甚至设想可能出错的每一个细节，包括跌落、流血等。所以他的大脑已经习惯了在普通人看来极其惊险的动作，在现实中遇到类似的情况时，杏仁核也不会特别活跃。

这给我们的启发是，在演讲前，除了真实演练，也可以在大脑中预演演讲的过程，想象自己走上台，开口说第一句话，之后顺利地讲完全部内容，最后潇洒地走下台。罗振宇的跨年演讲持续 4 小时，他有一个秘诀，就是在脑海里以极快的速度预演演讲的全过程，几分钟内就可以完整过一遍。

这样做的好处是：帮助我们熟悉内容，做到胸有成竹，预演自己在台上的场景，让杏仁核提前活跃，逐渐习惯和适应恐惧情绪。于是在真实的场景演讲时，杏仁核就不会失控。

管理好大脑，才能管理好情绪

那些上台演讲不紧张或紧张可控的人，杏仁核不会显著活跃。因为经过长期训练，他们的理性脑知道演讲不是什么可怕的事，能很好地控制情绪脑中的杏仁核，进而让爬行脑运行好身体功能，正常呼吸，不心跳加快，不瑟瑟发抖。

而演讲时会过分紧张、恐惧的人，虽然他们的理性脑也知道，哪怕演讲效果不佳，人也不会受到伤害，但是因为缺乏训练，所以理性脑不能自如地控制情绪脑，杏仁核本能地被激活，导致爬行脑指挥身体做出应对恐惧的行为。

也就是说，你的理性脑对情绪脑的影响越强大，情绪和行为也就会越理性、越正常；反之，就越容易陷入情绪化的非理性状态。理性脑对情绪脑的影响力，一方面会随着人的年龄增长而变强,另一方面,也能通过训练得到加强。我们能人为管控的是后者。

所以,演讲紧张是生理原因造成的心理问题。我们理解了大脑的生理构造和作用机制后,就可以通过训练大脑,从根本上解决这一心理问题。

第七章
这样说，帮助他人

知识的诅咒：为什么听不懂老师的话

我们在听一些老师、专家讲话时，会感觉晦涩难懂，但是碍于情面，又不好意思直接提问。结果听的人稀里糊涂，讲的人以为听的人都懂，最终浪费了彼此宝贵的时间。背后的原因是这些老师、专家陷入了"知识的诅咒"。

什么是知识的诅咒

当一个人对某个领域的知识非常熟悉时，很难理解新接触该领域的其他人是怎样思考和学习的，因此向他人分享知识变得十分困难、低效，就好像被自己掌握的知识诅咒了一样。这种现象被称为"知识的诅咒"。

有一个相关的经典实验：美国一位研究者把参与人员分成两种角色，一种角色通过敲桌子演奏出常见歌曲的旋律，比如生日快乐歌，另一种角色根据听见的敲击声，猜测是什么歌。实验前，敲击者认为听的人能猜对一半，但结果是，听的人只猜对了2.5%。

你可以和朋友玩一下这个游戏，结果应该也差不多。为什么会出现这种情况呢？因为敲击者自己知道是什么歌曲，脑海里有熟悉的旋律，他很难想象出，听者在不知道歌名的情况下胡乱猜测,有多么困难。

生活中最常见的例子,就是家长辅导孩子写作业。家长往往认为自己讲的已经很清楚了,但孩子就是学不会,因此家长气得直跺脚,想不明白孩子为什么这么笨。其实家长小时候学那些知识,也是十分困难的,只是随着时间的推移,渐渐忘记了。

你回想一下,自己上小学时,学习认识钟表上的时间,开始是不是感觉很难?花了很长时间才掌握吧?但是等我们长大成人,教自己的孩子认识钟表时间时,就感觉这很简单,这是因为我们陷入了知识的诅咒。

再比如,一些专家向业外人士介绍专业知识时,会不自觉地使用自己擅长的专业术语、抽象概念,这些语言用于同行交流是没问题的,但是在普通人听来就很费解。

我曾经听一个投资人分享投资知识,他多次提到 VC 这个词,我不知道是什么意思,以为是维生素 C,感觉莫名其妙。后来才了解到,原来他说的 VC 是 venture capital 的首字母缩写,意思是风险投资,简称风投。这位投资人如果面向普通人分享,就有必要在初次提到这类专业术语时,解释一下它的全称、含义,千万不要想当然地以为别人都知道。

第七章
这样说，帮助他人

怎样避免知识的诅咒

我们很难做到绝对的换位思考，但是采取一些方法，避免在知识的诅咒中陷入太深，完全是可行的。下面推荐三种方法。

1. 语言要通俗易懂，讲大白话

专家对业外人士、老师对学生、家长对孩子、会的人对不会的人等情形的语言表达中，要在默认对方不懂、不知道的基础上进行讲解。

比如，年轻人教老年人使用智能手机，不要想当然地以为老人知道微信、保存、发送这些概念，否则可能会出现沟通不畅的问题，即年轻人以为自己讲的已经很清楚了，但是老年人有一堆疑问。

2. 要及时询问对方有什么疑问，并解答

很多时候，听众有疑惑，但是不好意思提问，因此讲述者就要学会把握节奏，时不时停下来，询问一下听众的想法，千万不要自顾自地讲个不停。

有时候讲述者即使问了，听众可能碍于面子或者因为其他人在场，还是不会说出自己的疑问。所以，讲述者要察言观色，通过观察听众的表情和神态，来判断其是否听懂了，进而调整自己的语言。

举个例子，假如你是甲方，有两种乙方给你提案。第一种滔滔不绝讲了 1 小时，最后直接结束；第二种讲了 45 分钟，然后留出 15 分钟，询问你的需求和意见，进行答疑解惑。你更喜欢哪种提案形式呢？显然是第二种，因为他既展示了自己的方案，同时也考虑了你的需求，回答了你的疑问。

3. 善用类比（打比方），解释专业、抽象的概念

专家向业外人士解释概念，有时候费了很大力气，业外人士可能还是不明白，但使用一个巧妙的类比，也就是使用别人熟悉的事物来类推、比较，对方就能立即明白。

比如，国医大师张伯礼解释中医如何治疗新冠肺炎时，用了一个形象的类比。他说："一个房间里边有些垃圾，招了很多虫子。有的人专门研究杀虫剂，不断地研究杀虫剂，消灭虫子。我们中医就是清理垃圾，垃圾清走了，屋里就没有虫子了，就这么简单。所以我们是清理人体的垃圾，调节人体的状态，激活人体存在的免疫功能，让你自己去消除病毒。"

总之，真正的大师讲话是通俗易懂的，就像孔子和苏格拉底通过讲故事、对话来教化学生，他们没有陷入知识的诅咒，更没有故弄玄虚，用一堆深奥、抽象的词来标榜自己的学问。我们要向他们学习，有意识且有方法地规避知识的诅咒。

第七章
这样说，帮助他人

焦点效应："克服"社恐"

如今越来越多的人自称"社恐"（社交恐惧），为什么社恐的人在陌生场合不敢和他人交流？为什么人们演讲时会十分紧张？为什么你看到视频里自己的样子、听到自己的录音，会很不舒服？

什么是焦点效应

有一个心理学知识可以部分解释以上现象，这就是焦点效应（也叫聚光灯效应），它是指人们会高估周围人对自己外表和行为关注度的一种表现。人往往会把自己看作一切的中心，并且本能地高估别人对自己的注意程度。

心理学家基洛维奇做过一个实验：让康奈尔大学的学生穿上某名牌T恤，然后进入教室，穿T恤的学生事先估计，会有大约50%的同学注意到他的T恤，但是最后的结果表明，只有23%的同学注意到了这一点。

相信我们每个人都有以下类似的经历：上学时穿了一件特别的衣服，戴了一个特别的配饰，以为同学们都会注意到自己。在餐厅吃饭时不小心摔碎了碗碟，瞬间就会尴尬地脸红，以为其他人都在看自己的笑话。一群人看刚刚拍好的合影，会第一时间找自己，检查自己拍的是否好看。

焦点效应告诉我们，虽然你是自己世界里的中心，但你不是别人世界里的中心。我们每个人最关心的是自己，而不是别人。同理，别人最关心的是他自己，而不是你，不要高估了自己在别人心中的影响。

焦点效应下，人们变成了"社恐"

很多人在社交场合不知所措，以为自己的穿着和形象不好，或者担心自己说错话，害怕自己的缺点被别人发现，于是渐渐地就变成了"社恐"。其实哪有那么多人关注你，即使有人注意到了你的尴尬，那也是一瞬间的事，对方很快就会关注别的（尤其是他自己），哪有功夫一直花心思在你身上。

有一次培训课间，一位学员走过来对我说："李老师，你有没有注意到我有什么地方很特别？"我愣住了，心想，他刚才在课上的表现挺好的，没什么大的问题。他接着说："你看我右手的小指，因为一次事故被截了一小段，因此比正常的小指要短一点。"我仔细观察，才注意到果然如此。他说："这给我造成了很大的影响，我在社交场合，以及公开演讲时，特别害怕别人看出我的这个身体缺陷，越害怕，就越焦虑。"

这就是典型的焦点效应案例，我们在听别人说话时，有时候

第七章
这样说，帮助他人

连对方说的重要内容都会忽略，怎么可能会专门注意到他的右手小指呢？这位学员高估了自己在别人眼中的影响，更高估了自己右手小指的影响。

人们在公开演讲时十分焦虑，也是焦点效应的体现，以为观众会注意到自己的一举一动，会看出自己的紧张，会听出自己语言中的瑕疵，会嘲笑自己的错误。其实换位思考一下，就会明白，你在听别人演讲时，能集中注意力听其中一半，就已经不错了，你只会注意到自己感兴趣、对自己有用的部分，至于别人演讲中的问题，你可能会注意到一两点，但是很快就会忘记，因为那不是你的课题。

别人在听你演讲时，也是同样的情况！没有人拿着放大镜全程无死角观察你的举动，也没有人拿着扩音器仔细聆听你说的每一句话、每一个词。你大可不必过分焦虑，因为你在观众眼里根本就没那么重要。

焦点效应也是我们看到视频里自己的样子、听到自己的录音时，会惊讶和难受的原因。我们平时看不见自己的全貌，说话时听到的自己的声音，是通过骨头和血肉传到耳朵里的，而不是像别人一样通过空气传播的方式听到的，其实后者才是你真实的声音。

于是当你看到自己真实的全貌、听到自己真实的声音时，会被震惊到，你会注意到自己身上的一切毛病，进而感到羞愧。但是，假设你让别人评判视频和音频里的你，别人很可能就注意不到那些所谓的问题。结论就是：每个人都太在意自己，太把自己当回事了！

"社恐"们该怎么办

根据焦点效应的启示，我们在言谈举止方面应该怎么做呢？

首先，对自己来说，不要高估你在别人眼中的影响和作用。在社交场合大胆开口，即使你说的不好，甚至说错了，别人也不会在意。演讲时，对自己的表现不要过分焦虑。如果出现口误，自然改过来就行；即使说错了话，事后也不要过分懊悔，因为别人可能没注意到；即使注意到了，也会很快忘记，因为别人最关心的是他自己，不是你。

其次，在和他人交流时，可以主动把话题引导到对方身上，对他的事情表现出浓厚的兴趣，充分满足他的"焦点"欲望。比如，和恋人交流时，让他（她）说说自己小时候的事情、有趣的经历、日常工作和爱好等，询问其中的细节。和客户交谈时，引导对方"提当年勇"，说说他的高光时刻、难忘的经历，这会让气氛变得融洽，进而促进合作。

第七章
这样说,帮助他人

美国著名作家菲茨杰拉德有一句名言:同时保有两种截然相反的观念,还能正常行事,这是第一流智慧的标志。用到焦点效应上,我们既要避免自己的焦点欲,同时又要满足别人的焦点欲,这是一种高级的人生智慧。

参考文献

[1] 艾略特·阿伦森，乔舒亚·阿伦森. 社会性动物 [M].12 版. 邢占军，黄立清，译. 上海：华东师范大学出版社，2020.

[2] 戴维·迈尔斯. 社会心理学 [M].8 版. 侯玉波，乐国安，等译. 北京：人民邮电出版社，2006.

[3] 史蒂芬·平克. 当下的启蒙 [M]. 侯新智，欧阳明亮，等译. 杭州：浙江人民出版社，2019.

[4] 彭凯平，闫伟. 孩子的品格 [M]. 北京：中信出版社，2021.

[5] 岸见一郎，古贺史健. 被讨厌的勇气 [M]. 渠海霞，译. 北京：机械工业出版社，2015.

[6] 罗伯特·戴博德. 蛤蟆先生去看心理医生 [M]. 陈赢，译. 天津：天津人民出版社，2020.

[7] 阿尔弗雷德·阿德勒. 自卑与超越 [M]. 潘庆晨，译. 南京：江苏凤凰文艺出版社，2021.

[8] 周岭. 认知觉醒 [M]. 北京：人民邮电出版社，2020.

[9] 李朝杰. 人人都能演讲 [M]. 北京：中国纺织出版社有限

公司，2023.

[10] 安德斯·艾利克森，罗伯特·普尔. 刻意练习：如何从新手到大师 [M]. 王正林，译. 北京：机械工业出版社，2016.

[11] 脱不花. 沟通的方法 [M]. 北京：新星出版社，2021.

[12] 韦志中. 积极心理学：中国人的 68 堂幸福实践课 [M]. 北京：台海出版社，2019.

[13] 白丽洁. 拿来就用的 100 个心理学策略 [M]. 北京：中国法制出版社，2018.

[14] 西蒙·A. 雷戈，莎拉·法德. 十步驱散抑郁：认知行为疗法 [M]. 陈书敏，译. 北京：台海出版社，2021.

[15] 日本信息文化研究所. 别再想歪了 [M]. 鞠阿莲，译. 北京：北京科学技术出版社，2022.

[16] 西奥迪尼. 影响力（经典版）[M]. 闾佳，译. 北京：北京联合出版公司，2016.

后　　记

经过两年多的准备，这本书终于写完并出版了。我在校对书稿时，能大概回想起当时写哪篇文章是在什么场景，有图书馆、酒店、高铁上、地铁上，当然大部分是在家里完成的。这让我有两点感触：哪里都能思考，哪里都能写作。

人为什么要思考和写作？因为这是利人利己的大好事。对作者来说，能系统梳理自己的专业知识和工作经验；对读者来说，能收获一些启发乃至改变。这些年我在学习和实践过程中，认识到心理学对沟通表达的巨大价值，因此特别想分享出去，帮助更多人。讲课和写作是我的分享方式，一个靠说，一个靠写，两者的基础都是学习、思考和实践。

我热爱目前的工作和生活方式，自己能获得成长，同时能帮到别人。接下来，我会继续写作，笔耕不辍。心理学大师欧文·亚隆晚年时，遭遇妻子去世带来的打击，陷入痛苦和迷惘，他读到自己过去写的《叔本华的治疗》一书，被其中一段话所治愈。这让我感慨万千，我也经常会被自己过去写的日记、文章所感动，从中收获力量和鼓舞，也经常会从中看到自己过去的幼稚和愚蠢。无论哪种情况，都说明用文字记录下来是有意义的。当然，我写的内容肯定有自己的局限性，如有纰漏、不当之处，还请读者朋友批评指正。

在此感谢我的爱人，她给了我很大的包容和支持，投入大量精力照顾孩子、操持家务，让我有时间写作，因此本书的面世有她的功劳。感谢本书的编辑顾老师，这几年来，在她的指导和帮助下，我陆续出版了《人人都能演讲》《嘴巴这样说，大脑喜欢听》两本书，当写作者遇到一位认真负责的编辑，是何其有幸。感谢中国纺织出版社的领导和老师们，有你们的认可，本书才得以出版。最后，感谢我的学员、客户和读者朋友，是你们在背后坚定地支持我。我会努力工作，为社会作出力所能及的贡献。